价值投资者最正统的实战细

精读本书，胜于滥读100本泛泛的股票书

价值投资

资本的野蛮生长

JIAZHI TOUZI

ZIBEN DE YEMAN SHENGZHANG

第二版

一个操盘手的实战感悟
一幅价值无可估量的藏宝图

经济管理出版社
ECONOMY & MANAGEMENT PUBLISHING HOUSE

图书在版编目（CIP）数据

价值投资：资本的野蛮生长/江山著. —2版. —北京：经济管理出版社，2016.9
ISBN 978-7-5096-4485-0

Ⅰ. ①价… Ⅱ. ①江… Ⅲ. ①股票投资—研究 Ⅳ. ①F830.91

中国版本图书馆 CIP 数据核字（2016）第 153303 号

组稿编辑：勇　生
责任编辑：勇　生　璐　栖
责任印制：杨国强
责任校对：陈　颖

出版发行：经济管理出版社
　　　　　（北京市海淀区北蜂窝 8 号中雅大厦 A 座 11 层　100038）
网　　　址：www. E-mp. com. cn
电　　　话：(010) 51915602
印　　　刷：三河市延风印装有限公司
经　　　销：新华书店
开　　　本：720mm×1000mm/16
印　　　张：13.75
字　　　数：203 千字
版　　　次：2016 年 9 月第 2 版　　2016 年 9 月第 1 次印刷
书　　　号：ISBN 978-7-5096-4485-0
定　　　价：38.00 元

序

资本之梦

不谋万世者，不足谋一时；不谋全局者，不足谋一域。格局决定未来。

多年以来，征战资本市场的曲折经历让我对这个市场充满尊重和敬畏。但是，对财富和人生价值的追求，支持我执着地坚持着自己的梦想。经历过成功的喜悦和失败的痛苦，我们会更加理性和成熟。我们最终确认了价值投资的信仰。我们坚信，只有科学的信仰能够改变人生，能够实现我们的资本之梦。

价值投资者必须用科学的知识武装自己的头脑。

如果你不能征服市场，那就只能让市场征服你。我们对此认识非常清醒。价值投资者的梦想，必须依附于科学而有效的盈利模式和革命性的实现手段与保障措施。面对残酷的市场，唯有野蛮生长。

价值投资者既不能无视风险，盲目冒进，也不能畏首畏尾，消极右倾。关键时候，要敢于胜利，敢于"亮剑"。

唯有胜利，才有文明，因为文明在我们的信仰之中。

江 山

目 录

第一章 价值投资——回归商业本质 ················· 1

第一节 股票的本质是商业投资，而不是电脑游戏 ············· 1

第二节 投资与投机的区别 ····················· 21

第三节 投资常识＋智慧＞金融知识×1000 倍 ········· 24

案例：价值投资的代表人物 ················· 28

第二章 轻松游戏——玩会财务报表 ················· 31

第一节 阅读财务报表的思路和原则（游戏规则说明）······· 31

第二节 资产负债表 ······················· 35

第三节 利润表 ·························· 55

第四节 现金流量表 ······················ 69

第五节 企业财务报表的其他方面 ·············· 76

第三章 股票的估值 ························· 79

第一节 估值的前提 ······················ 80

第二节 市净率与有形资产保障率 ·············· 85

第三节 市盈率与无形资产保障率（股东回报率）········ 88

第四节 企业分红对估值的影响 ··············· 105

第五节 无形资产对估值的影响 ··············· 111

第六节 流通性对股票估值的影响 ·············· 113

第七节　资产重组对估值的影响 ………………………………… 114

第八节　认股权证、可转换债券对股票估值的影响 ………… 123

第九节　融资成本和管理对股票估值的影响 …………………… 126

第四章　超级牛股的选股方法 …………………………………… 133

第一节　长在希望的田野上：巨大的市场，卓越的品牌 ……… 133

第二节　暴利品质：高毛利率 …………………………………… 145

第三节　赢在帝国崛起之前：成长快，股本小 ………………… 148

第四节　扩张方式：内部融资为主 ……………………………… 152

第五节　忠诚而优秀的管理层 …………………………………… 154

第六节　稳健的资本结构 ………………………………………… 170

第七节　高安全边际 ……………………………………………… 172

案例：超级牛股缔造的财富传奇 ………………………………… 178

第五章　聪明的交易 ……………………………………………… 183

第一节　投资者与市场波动 ……………………………………… 183

第二节　集中投资还是分散投资 ………………………………… 186

第三节　仓位控制与交易杠杆 …………………………………… 187

第四节　投资顾问 ………………………………………………… 189

第六章　滚雪球 …………………………………………………… 201

第一节　财富积累的三维思考体系——复利滚动的时间价值 …… 201

第二节　转换代价 ………………………………………………… 206

第三节　站在金山上，还要去寻找银山 ………………………… 208

第四节　情绪控制 ………………………………………………… 209

第五节　卖出"瘦狗"，买进"野猫" …………………………… 211

后　记 ……………………………………………………………… 214

第一章 价值投资——回归商业本质

本章导读：

有一次，著名幽默大师卓别林化名去参加"模仿卓别林大赛"，结果只得了第二名。卓别林笑称，卓别林还不是自己的最佳模仿者，但自己就是卓别林。当前，真正的价值投资也遭遇了这样的尴尬，被众多"价值投资模仿者"给淹没了。这是因为真正的价值投资实用而直白，而冒牌的价值投资却崇尚于表演和做作，他们更容易抓住投资者的心理弱点——不切实际地希望一夜暴富。投机者和模仿者死了一茬又一茬，而价值投资者却顽强地生存下来，并且财富稳步增长。是时候了，我们必须指出什么是真正的价值投资，以及价值投资的惊人的实战能力。

第一节 股票的本质是商业投资，而不是电脑游戏

一、股票的本质是商业投资

我们从哪里来？我们是谁？我们到哪里去？

——《南十字星下的神迹》

一条在电脑屏幕上蠕动的曲线，曾经引起了亿万中国人的兴趣，他们称

之为股票，这些人也自封为股民。至于这条曲线从哪里爬出来，绝大多数人并不关心，他们只知道，只要这条曲线是向上的，他们就会发财。然而，那近乎癫狂的幻想症和贫瘠的"财商"，最终将他们送上了灵魂扭曲和财产蒸发的不归路。他们从一开始就注定了必输的结局，因为他们几乎没有弄清楚——股票从哪里来？股票是什么？股票将使你何去何从？

股票的历史可以追溯到17世纪初期欧洲的荷兰。当时荷兰海运业非常发达，航海家可以远洋航行去进行殖民或贸易，以获取大量财富。然而，航海的巨大风险也极有可能让舰船倾覆，人财两空。从事航海贸易的商人为了降低自己的风险和扩大运营的规模，就向不从事航海的人筹集资金，并根据筹集资金的比例约定利益分成和风险负担的比例。这些投入资金的人，就成为合伙的股东。两者之间签署的契约就是股票。

（一）股票的本质是什么

股票的本质是商业投资，即我们要投资兴业，把资本投入到企业中去，并通过企业的运营赚钱分红或升值后转让。也就是说，你是企业的老板之一，哪怕是小老板，也是老板。然而，这些古老契约中的权力，我们的股东在失去理智后都丢弃了。人性的懒惰，使他们宁愿简单地赌钱输掉全部家当，也不愿辛苦地去经营和管理（至少要了解和监督）企业，从而实现基业兴隆。

事实上，对于绝大部分中小投资者来说，我们的股票投资是依据自己的创业目标投资于那些比我们更有能力的专业人士，让他们帮我们实现我们的创业目的和最终的收益预期。当然，风险与收益的分配必须要有一定的妥协，才能够达成资本和人才的结合。购买了股票，就表明你认可了他们提出的价格。

资本的使命就是优化资源配置（人才和资源），促进产业良性发展，创造出更好的社会效益和经济效益，也为股东带来丰厚的回报。理论上说，任何企业都会经历成长期、成熟期和衰退期（直至消亡）。股东们总是希望在企业处于成长期的时候介入，然后等待它发展壮大，进入成熟期，为自己带来丰厚回报。之后，就在衰退期退出，又进入另外一家处于成长期的企业之中，周而复始。华尔街有种说法——金钱永不眠！是的，资本在完成使命的同时，也永远充满着对利润和升值的贪婪。忽视了使命，资本就是魔鬼，只搞破坏；忽视了贪婪，资本就是乖孩子，没有创造力和远大前途。

资本的流动和野蛮生长，取决于它的主人，也就是股东的价值观和智慧。因为资本生长的环境，是一个绝对充满死亡陷阱的恐怖世界。那些认为有钱就能投资的幼稚主儿，最后一定是资本大鳄的美餐。只有用最小的代价取得最大的回报，才是资本弄潮儿的实力见证。中国人从来就不缺乏智慧，从古代的孙子兵法到现代的毛泽东思想，都是非常强大的智慧武器。一旦这些智慧和资本结合，将会创造财富奇迹！

（二）股票将使股东何去何从

自从买入股票（一般是指普通股），你就成了股东——企业的老板之一。你首先当然拥有老板的权利，即投票权、分红权、股权（股票）转让权、优先认股权、剩余资产分配权、控制权等。

1. 投票权

投票权的使用很重要。你可以对有利于自己利益的事情，投赞成票；对不利于自己的事情（比如利益被侵占）说不，投否决票。中小股东虽然没有决定权，但是，如果某种意愿非常坚决且策略得当，企业也会适当退却。现在，上市公司的重大决议都会设置网络投票程序，为了捍卫自己的权利，建议股东们不要忽视，积极参与。

2. 分红权

分红权是股东最喜欢的。这就像农民种田一样，春天的播种和管理，终于迎来了秋季的丰收。股东有权根据自己的股份数量分得应有的红利。当然，前提是你的投资是成功的。

3. 剩余资产分配权

当公司破产或清算时，若公司的资产在偿还欠债后还有剩余，其剩余部分按先优先股股东、后普通股股东的顺序进行分配。

4. 股权（股票）转让权

转让权就是将股份兑现。因为股份只能投入不能收回，但可以转让。只要有其他人愿意以合适的价格接受股份，你就可以转让股份，从而实现间接退出。在一个普通投资者眼中，转让权也就是买卖股票的权利，水很深，有他们永远都探求不完的奥秘。

5. 优先认股权

如果公司需要扩张而增发普通股股票时，现有普通股股东有权按其持股比例，以低于市价的某一特定价格优先购买一定数量的新发行股票，从而保持其对企业所有权的原有比例。

6. 控制权

如果股份足够大，你还可以直接提议案，更换管理层，按照自己的意愿进行企业经营方面的参与和管理。一般持有一家企业的股份在50%以上，就能绝对控股一家企业。

除了各种权利，股东还要承担义务，那就是一旦经营失败，你将会遭受损失或破产，除非在此之前你将股票高价转让给一个对股票毫不研究就敢买股票的傻瓜——这种傻瓜遍地都是。这就是老板的宿命——成功的光环背后，也独自承担着风险。

当你再看到电脑上那条蠕动的曲线，你要想想它到底从哪里来，它是什么，它将会给你带来什么。

二、什么是价值投资

价值投资是我们的信仰，有信仰的人才能坚定和果断地行事。有信仰才会让你在面对错综复杂的形势时、面对强大的竞争对手时、面对各种艰苦考验时、面对巨大压力时，以超凡的勇气、坚韧的毅力和过人的智慧，始终如一地奉行着自己的原则。那些"假冒"的价值投资者，自己都说不清楚什么是价值投资，又怎么能够坚持和信仰呢？

价值投资就是对本金和收益都有切实保障的投资。

如果笔者没有猜错，这算是第一次对价值投资正式定义。问题就在于，怎样切实保障自己的本金和收益？答案是：物美、价廉、可兑现三者兼备。

（一）何为物美

物美是指企业握有硬通货资产，能够抗拒通胀；或者企业产出能力强，效益明显，而且持续盈利能力强。

我们认为企业的价值有两种：一种是基于资源潜力的价值；另一种是基于人才的智慧和能力潜力的价值。最优秀的企业往往集中在拥有核心资源和拥有最巨大人才潜能的企业中，而后者的造富神话会更多一些，因为人才的潜能是可以无限挖掘的，而资源总是有限的。现实中，往往是这两者兼而有之。我们指的物美，也就是企业拥有核心资源和拥有核心人才（不要轻易就说一个人是核心人才）。比如，包钢稀土拥有世界储量最大的稀土矿产资源，美国苹果公司拥有最杰出的经营管理天才乔布斯等。

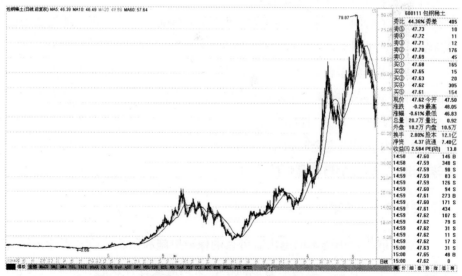

图 1-1 包钢稀土 上市以来累计最大涨幅超过 100 倍

（二）何为价廉

价廉有三种情况（仅以股票为例）。

一是购买价低于股票账面价值。换句话说，就是把购买价换算成整体购买企业价格，与企业本身的资产总和进行对比，如果低于企业的资产总和，就是廉价购买。例如，如果一家企业有 1 亿股，每股价格 10 元，而该企业仅拥有的土地价值就已经达到 15 亿元。此时，你的购买价是否廉价呢？你10 元购进股票，相当于 10 亿元购买了企业，而此时企业仅仅是卖地就价值15 亿元，即企业的价值必定在 15 亿元以上。你花了 10 亿元购买了价值 15亿元以上的企业，你的投资升值是可以预见的，只是在时间上存在不确定性。而至于为什么要折算成整体购买企业的价格而不是每股价格与每股价值比较，是有原因的。您会在后续有关估值的章节中得到答案。

二是购买价低于未来若干年的分红累加价值。如果你购买的股价是 10元，而你可以确定的未来 5 年每年的分红不低于 30%，那么 5 年后，你的每股投资就有 15 元的分红累加，更何况有可能分红会持续下去。这时，你的购买价就是廉价的。这种假设是比较理想的，现实中往往是只能确认一头，要么是确认了时间，不能确认收益额度，要么是确认了短期收益却无法确认持续的时间。正因为如此，才考验价值投资者真正的智慧。

三是购买价低于账面价值与未来若干年分红之和。仍以上例为例，你购买的股价为 10 元，换算成整体购买价为 10 亿元，而未来 5 年，企业的资产至少能保值 80%，即公司价值 8 亿元。同时，该企业每年的分红有 20%即 2亿元，5 年内就可以完全收回本钱。由于企业还在，至少值 8 亿元，你只需要转让出去，转让价格就是你的盈利。

（三）何为可兑现

可兑现就是对于资本的退出有可靠的保障措施和条款，投资者能比较顺利地获得本金和收益。这句话看似简单，实则需要各种技能和常识。比如，很多散户喜欢追涨停板，头一天追进后涨停了，开始手舞足蹈；然而，第二天直接跌停，你如果不出来就继续亏，但想出来却没有办法，因为跌停板上排队卖出的人太多，你只能被夹死在跌停板上。这就是典型的本金无保障型做法。

本金和收益的切实保障体现在静态固定因素和动态不固定因素两个

方面。

1. 静态的固定因素

（1）对赌协议。对赌协议是指如果你购买了企业的股票，没有达到协议规定的目的（比如业绩保证和上市保证等），那么，企业就要按照协议，赔偿你本金和一定的利息。

比如，企业上市之前进行募股，引进战略投资者，开出对赌协议：如果你购买了公司股票，2年内不能上市的话，就按照本金加每年10%的利息支付给你。这些固定的条款决定了，一旦上市，你有可能享受高溢价的本金增值。如果不上市，你还可以安全地回收本金以及获得12%的无风险收益。这样的对赌协议，就会对你的本金产生切实的保障。

普通投资者都有打新股的经历。其实，为什么新股上市一般会溢价上涨，这也是因为大股东的绿鞋机制。"绿鞋"由美国名为波士顿绿鞋制造公司1963年首次公开发行股票（IPO）时率先使用而得名，是超额配售选择权制度的俗称。绿鞋机制主要在市场气氛不佳、对发行结果不乐观或难以预料的情况下使用。目的是防止新股发行上市后股价下跌至发行价或发行价以下，增强参与一级市场认购的投资者的信心，实现新股股价由一级市场向二级市场的平稳过渡（笔者在《新股民快速入门》一书中把打新股列为无风险套利的方式之一，并且教授给大家提高新股中签率技巧，就是基于绿鞋机制的保驾护航）。

在A股市场上，典型的"绿鞋"机制发行新股的是农业银行。农业银行2010年7月6日进行了网上申购，发行价2.68元。由于本次发行采用"绿鞋"机制，即2.68元成为机构的护盘价格，时间为1个月。只要你看一下农业银行上市后的走势，就清楚"绿鞋"机制的作用了（见图1-2）。

（2）定向、定价、定时确认转让下家。最典型的就是股改承诺。一般是承诺股价在一定时间内的最低价或者一定时间内的分红额度。比如，一家企业的股改承诺是最低价不低于8元，低于8元，大股东将会在12个月内以8元收购你的股份。那么，如果你一年内在股价下跌到5元的时候买进，在一年内，你基本可以确认8元的卖出价。那么，你的无风险收益就至少为（8 -

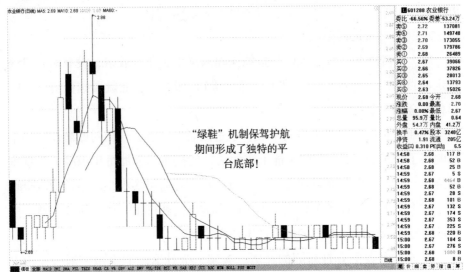

图1-2 农业银行上市后1个月的"绿鞋"机制保障期内，
在2.68元附近做横向运动，但从未破发

5）÷5 = 60%。风险被锁定主要是因为下家已经确定，价格已经确定，时间已经确定。这几乎是最完美的交易。以下是中国证券报关于福耀玻璃在2006年1月中旬公布股改承诺的报道：

在与流通股股东沟通之后，福耀玻璃（600660）今日公布股改最终方案。在保持10送1股对价安排的基础上，调整了原方案中股份追送条款的触发条件，新增现金分红、股份追送承诺，并出具增持流通股份的声明。

增加股价承诺、股份追送条款是本次方案调整的核心。福耀玻璃非流通股东耀华工业村承诺，若在方案实施完毕复牌后第12个月的最后3个交易日内，公司股票平均收盘价格P低于6.38元，将向流通股股东追送股份一次，每股流通股可获得追送股份为 [(6.38 – P)/P]，追送上限为每10股送1股。同时，最终方案修改了原方案的股份追送条款的触发条件，由净利润变更为每股收益，承诺福耀玻璃2006~2008年每股收益平均增长不低于20%，并且2006年不低于20%。若无法达到这一目标，耀华工业村将追送股份一次。两个追送股份安排合计达到每10股送2股。按上述最终方案，一旦股改实施完毕后触发追加对价条款，以现有股本结构计算，流通股股东最高可获得 10 送 3 股的对价。福耀玻璃认为，若没触发对价安排，则公司业绩的高速增长以及股价上涨超过 6.38 元，也将使流通股股东受益（见图 1-3）。

图 1-3 福耀玻璃

注：2006 年 1 月 16 日以后走势。股价在三年内飙升，从来没有危及护城河。

2. 动态不固定因素

（1）转化退出。常见的转化退出方式有：红利退出、换股退出等。

①红利退出。当股东向企业投入了资本，按照最正常的商业逻辑，你应该是获取公司利润的分红，分红是一个持续的动态过程。但是，每年的公司利润是不确定的，这种分红比例也是不太固定的，这就是为什么我们把这种方式归结为动态不固定因素的缘由。但这种方式却是最正常的方式，各种不确定性带来了对本金和收益的正常回收风险。价值投资者就是要在不确定性中找到能够相对确认本金和收益的安全保障。

张裕 A 作为国内葡萄酒行业的霸主，其优异的管理能力和卓越的品牌赢得了消费者的认可，创造了良好的经营业绩。如果你在 10 年前张裕上市时就购买了其流动股，那么，你现在累计的现金分红也至少是你投入资金的

表 1-1　张裕 A 的统计比较

总融资额（万元）	125346.00
总派现额（万元）	369241.60
总派现额与总融资额之比	2.95
上市公司排名	53

300%了。当然，截至 2011 年，张裕 A 的累计涨幅已超过了 30 倍。这在当初虽然有一定的不稳定性，但却是一笔非常棒的投资。张裕 A 的大盘走势见图 4-1。至于怎样找到这样的潜力股，我们在第四章会作详细阐述。

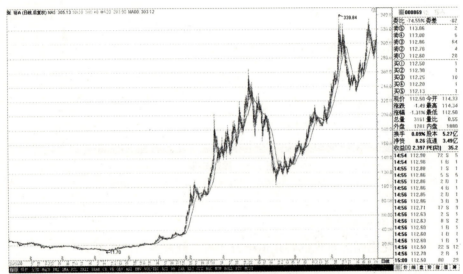

图 1-4　张裕 A 的大盘走势

　　②换股退出。除了分红退出之外，转化成其他证券退出也是一种思路。比较常见的是两家上市公司之间的换股吸收合并。近年来，这种合并并不鲜见。东方电气合并东方锅炉、盐湖股份（原名盐湖钾肥）合并盐湖集团、友谊股份吸收合并百联股份等，A 股上市公司之间的吸收合并似乎有愈演愈烈之势。事实上，从合并者和被合并者的角度来讲，一般受益者为被合并者。因为对于合并者来说，既然是用自己的股票而不是现金去收购合并对方（现金只是一种选择权），那么，这家公司实际上对自己的股价是保持较长时间

的看空预期的。

被吸收合并企业的原股东可以有两种选择权，即现金选择权和新的股票选择权。你可以对两种选择权进行权衡，从而做出对自己最有利的决策。但本节我们重点讲述的是，存在着一种特殊的退出方式，即你的股票 A 可以转换成股票 B，然后将股票 B 转让，就实现了退出。下面我们以金隅股份合并吸收太行水泥为例，来讲述一下收购方提供给流通股东的选择权和退出方式。金隅股份的大盘走势见图 1-5。

图 1-5　金隅股份大盘走势

2010 年 7 月 6 日，金隅股份以换股方式吸收合并太行水泥一事获最新进展，太行水泥（600553）当日公布了其与金隅股份的换股吸收合并报告书草案。主要内容如下：

金隅集团将河北太行华信建材目前所持太行水泥 30% 国有股，按照金隅集团及金隅股份持有太行华信的股权比例（即金隅集团持有 66.67%，金隅股份持有 33.33%），分别变更至金隅集团和金隅股份名下。变更完成后，金隅集团直接持有太行水泥 20.001% 的股份，金隅股份直接持有太行水泥

9.999%的股份。

本次换股吸收合并的换股比例为1.2：1，即太行水泥股东（金隅股份除外）所持的每股太行水泥股票可以换取1.2股金隅股份本次发行的A股股票。其中，太行水泥换股价格为10.80元/股，较太行水泥本次董事会决议公告前20个交易日的交易均价10.09元/股有7.04%的溢价；金隅股份A股换股价格9.00元/股，对应的市盈率为17.13倍。

在现金选择权方面，本次吸收合并向除金隅集团和金隅股份外的太行水泥股东提供现金选择权，即行使现金选择权的太行水泥股东可以就其所持有的太行水泥股票按照10.65元/股的价格全部或部分申报行使现金选择权，而现金选择权由金隅集团或金隅集团联合其他第三方担任现金选择权提供方。

不仅如此，方案还包括追加选择权。方案显示，为充分保护参与换股的太行水泥股东利益，在金隅股份A股上市首日，金隅集团或其他第三方将向参加换股的太行水泥股东追加选择权，即若金隅股份A股上市首日的交易均价低于金隅股份换股价格，参加换股的投资者在收盘时可行使选择权，即将所持金隅股份A股按照换股价格9.00元/股部分或全部转让给选择权的提供方。

聪明的投资者都会敏锐地察觉到，这种上市公司之间的合并吸收，往往会带来一些相对确定的收益机会。这比劳心伤神地倒腾股票仓位要更靠谱。有心的读者，接下来一定会将有这类合并预期的上市公司列一个清单，逐个进行套利研究。你会不会这么做呢？

（2）流通性保障。假设你廉价获取了100万股某上市公司的流通股，而你如果要确保盈利的话，必须要在1天内兑现，而这家公司的股票非常不活跃，每天的交易只有10万股，那么，你的100万股可能仅仅是纸上富贵，兑现难度比较大。如果硬要兑现，那只能低价抛售，而如果价格低于你的成本价，你的本金和收益都将得不到合理的保障。所以，在每一笔交易前，你要首先考虑，能不能顺利脱手，有没有购买者在你想卖的时候随时来买，而且出价要合理。这就是流通性保障。

流通性保障的原理有点像《鬼吹灯》小说里的盗墓。你不但要进得去，挖到宝，还要考虑是否能安全出来，要不你就只能见鬼了。有些人心太贪，大小宝物通吃，不该拿的也拿，不该碰的也碰，结果不是惹得鬼上身，就是乱闯迷魂阵，最终卡在洞里出不来。

曾有一个著名的分析师，被一家机构聘去谋划帮着出货，这伙计直接挂顶格大单（交易所规定，单笔交易不超过 100 万股）大甩卖，没出多少货，却吓出了散户恐慌盘，直接导致股价跌停。他自己一看更慌了，加大甩卖力度，结果股价又是连续大跌。货没有出完，账面已经出现了大面积亏损。这就是我们后面要给大家讲的常识的重要性。

流通性保障是指日常交易量能够支撑你在预定的时间内完成抛售。这既要看正常的自然交易活跃程度，也要看有没有分析师集中推荐，以及媒体大肆报道的鼓动作用。笔者多年的经验是，我们的中小投资者"很傻，很天真"，往往顶不住很多舆论炸弹的诱惑。其实，你应该多想一想弦外之音。

如果你持有工商银行的股票，往往不用担心无法兑现的问题。因为对于一般的中小股东或机构投资者来说，工商银行的日常交易量足以容纳你的全部财产进行顺畅流通。但是，工商银行未必是你的最佳投资圣地。如果你看上的是一家小盘股，而恰恰投入的资金比较大，一时出不了货，不能将账面的盈利落实，怎么办？你要学会在媒体炒作最热的时候顺水推舟。

2007 年 12 月，很多散户盯上了一支"潜力股"——哈投股份，每股收益 3 元，并且在刚刚完成上一年度 10 转 10 的分红方案后，还有 10 送 9 转 1 派 1 的高分红预期。一时间大家都像发现了新大陆，各种媒体包括网络都在各种场合提到这个响亮的名字，甚至股吧里有人吹嘘说能涨到 100 元。于是，终于在 35 元附近甚至更高位置赶上了这班"财富直通车"。往往这个时候，理性的投资者会认真思考，自己是否已处在危险的边缘。

事实上，在这之前这只股票是另外一个名字，叫岁宝热电。那些精明的投资者早已经在非常廉价的时候大肆囤货，此时账面上的浮盈已经让人咋舌，他们肯定想着办法要尽快抛售。然而，当时的成交量还不足以使得他们全身而退。然而，不久机会就来了，连续 2 次 10 送 10，股本已经大大增加（虽然价格看起来更加便宜），再加上媒体对每股收益的扎眼报道，对"哈投股份"这只"新股票"的关注，让他们顺利地将股票抛售给了那些对"哈投股份"趋之若鹜的人们。高分红＋高业绩＋新名字＋媒体关注（节能环保概念），好事过三，仁者见仁，智者见智。哈投股份大盘走势见图1-6。

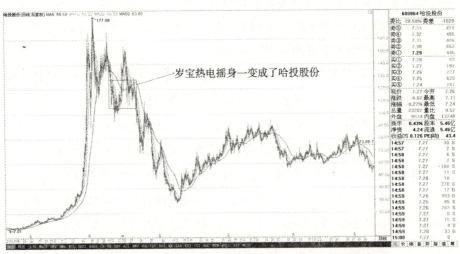

图1-6　哈投股份（就是岁宝热电换了马甲）大盘走势

综上所述，价值投资就是物美价廉并且可兑现的投资，价值投资就是具有多重切实保障的投资。价值投资是用来实战的，不是用来表演的。

三、价格与价值

马克思的《资本论》中的价值，实际上指的是交换价值。此种表述太学术了点，我们冒天下之大不韪把它口语化：价值就是可以被广泛接受的多重的货币保障额度。多重的保障决定了价值具有相对稳定性。

当你说一个普通鸡蛋比一架 A380 飞机价值大时，大家都不认可，为什么？因为飞机被广泛接受的多重的货币保障是比较高的。也就是说，飞机不论在何时卖、在何地卖、在何种场合卖、卖给谁、怎么卖，它所被接受的公认可以兑现的货币也远比鸡蛋多（请注意"公认"两字）。

价格是什么呢？价格就是交易过程中大家实际执行的货币支付额度。由于价格缺乏多重保障，因此价格是不断波动的。

价格和价值之间的关系是：价值决定了价格，价格围绕价值上下波动。证券市场的波动性正是基于证券价格不断围绕其价值上下波动造成的。

价格和价值的区别是：影响价值的因素是劳动力含量和使用性大小。影响价格的因素是供求关系（除了价值）。

下面我们来解读证券市场层面的价格和价值。

价值就是能够对投资的本金和收益形成切实保障的措施。比如，资源、人才、品牌、渠道等（在本书第三章，我们会对企业的价值展开详细评估）。而价格是由于看多的和看空的投资者相互交易而形成的。由于人性中的弱点，大家更愿意刺激的"短期致富"，而往往过于追涨杀跌，从而导致股价过高或者过低。前面我们讲过，如果以比价值低的价格买入，就属于价值投资，你获得本金和收益的保障是比较切实的；而如果以高于其价值的价格买入，你就面临着收益没有保障，甚至本金也亏损的可能性。

一家企业在牛市时，可能价格比较高，但是价值比较低；在熊市时，反而可能价格比较低，而价值却比较高。价值投资者的做法是，第一种情况卖出；第二种情况买入。现在你明白巴菲特为什么说：当别人恐慌的时候，我要贪婪；当别人贪婪的时候，我要恐慌。实际上，巴菲特不想把他的很多话说得太清楚，所以，就用了一些情感词汇模糊地对待媒体和那些根本不会下定决心坚决地走上价值投资之路的"股民"。事实上，巴菲特心中跟明镜似的，他清楚地知道价值和价格究竟处于高位还是低位。

比如，中储股份、大秦铁路、中国石化、中国神华虽然 2011 年价值比 2008 年有了较大提高，但价格却一落千丈。事实上，价值投资者也应该考虑到这些被别人忽视的地方。中储股份、大秦铁路、中国石化、中国神华的大盘走势见图 1-7、图 1-8、图 1-9、图 1-10。

图1-7 中储股份：最高位时，价值低；到了低位，价值高

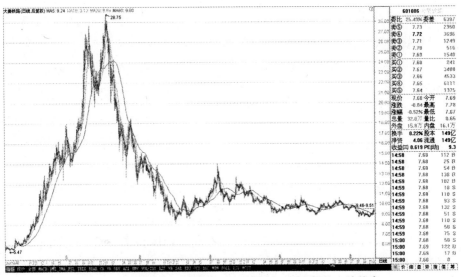

图1-8 大秦铁路：最高位时，价值低；到了低位，价值高

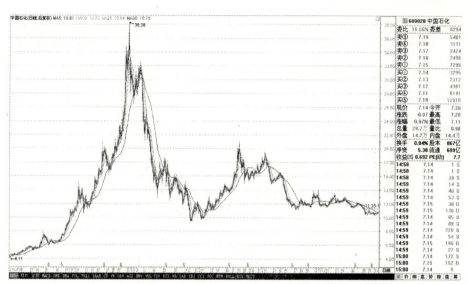

图 1-9 中国石化：最高位时，价值低；到了低位，价值高

图 1-10 中国神华：最高位时，价值低；到了低位，价值高

　　需要特别说明的是，很多投资者之所以屡屡犯错误就是因为不能清楚地界定，哪些因素是主要影响价值的，哪些因素是主要影响价格的。因为影响价值的因素是根本的、长远的因素，决定了股票价格的中长期走势；而影响

价格的因素，往往是短期的因素，对长期影响有限。

简单地讲，影响企业内在的资产（或人才）数量和质量的就是价值的影响因素，除此之外的其他因素都是价格的影响因素，主要是对供求关系产生影响。我们来做一个测验。请判断下列哪些因素主要是影响价值的？哪些因素主要是影响价格的？

（1）小股东对大股东的某些侵权行为提出诉讼；

（2）毛利率持续下滑，效益锐减；

（3）为其他公司进行违规担保；

（4）金融危机肆虐，全球股市连同 A 股不断下跌；

（5）环保概念股受到投资者青睐；

（6）曾经带领公司走向 10 年辉煌的公司管理层集体辞职；

（7）高盛下调全球经济增长预期；

（8）银行基准利率上调；

（9）公司负债率较高而产业却遭遇发展瓶颈；

（10）分析师大力推荐。

下面，我们来看看你的判断是否正确：

第 1 条，主要是股东之间的博弈，影响的是供求，对上市公司不产生大的影响。因此，应归属为价格影响因素。

第 2 条，实际关系到企业的生死存亡，是内部的关键问题，影响到了企业的价值。

第 3 条，担保往往会产生连带责任，这是或有损失，对企业的价值产生影响。

第 4 条，危言耸听的"金融危机"和全球股市的情绪传染，往往只是影响个人心态，从而导致慌不择路地盲目交易，只是短期改变供求、影响价格而已。

笔者要特别对"金融危机"作出解释，当然坚决不同于传统书籍的解释。所谓金融危机就是财富的重新洗牌。事实上是一群人"忽悠"了另外一群人的财富，然后，推卸责任说这是大家共同的危机，以此来转移大家视线，从而自己就不再受到追责。地球上从来就没有金融危机，只是财富从一部分人手里流到另一部分人手里。新中国成立特别是改革开放 30 多年以来，中国共产党带领全国各族人民艰苦奋斗，用自己的辛勤汗水积累了实实在在的财富，然而，某些霸权国家却利用所谓的"金融合作"侵蚀了我们大量的实际财富。这也坚定了部分有识之士投身金融行业，捍卫祖国和人民财富的决心！

第 5 条，环保概念受到投资者追捧是大家的一相情愿，改变的是大家对环保概念的需求即供求关系。而公司本身价值可能没有任何改变。甚至有很多本质不是环保类的公司，也硬要联系点这类业务，扣上一顶环保的帽子，向大家高价兜售股票。价值投资者主张对具体企业展开实质的了解。在本书第二章，我们会重点通过财务报表的解剖，清楚地让你看到一个企业的本来面目。至于扣什么概念、穿什么马甲，不影响企业的自身价值。

第 6 条，企业高管是公司的核心资源之一。特别是那些久经考验的对股东忠诚而又具有卓越能力的核心管理层。如果这样一种核心资源流失，对于股东来说，是重大的损失。这是企业价值的重要隐形因素，虽然表面上看，企业的很多有形资产还在，但是，无法否认的是，世界上最伟大的企业，都有一个最伟大的企业家（或团队）来支持。

第 7 条，评级机构对经济的预期就像大灰狼给小白兔讲故事，荒诞离奇。世界上有一个有意思的现象，就是不干活的人对干活的人说，你干的对或者不对。更有意思的是，有些干活的人居然相信。当然，这（对机构进行评级）可以改变很多人的心态，进而改变市场的供求关系，会对价格产生影响。

第 8 条，一方面，银行利率上调，会增加企业的使用成本，在一定程度上减少了企业的价值；另一方面，银行利率上调也使得资金回流银行，从而减少了投资需求，改变了投资的供求关系，对证券价格也会产生消极影响。也就是说，银行利率既会对企业的价值产生影响也会对证券的价格产生影响。当然，只要读者能够读到此处，你也一定会联想到银行利率下调的作用。

第 9 条，负债率较高，产业发展遭遇瓶颈是一个企业面临危机的开始。

很多优秀的公司，都是倒在了高负债面前。特别是产业发展遇到瓶颈的时候，现金流不足以支持正常运作，容易一口气憋死。高负债率是影响企业价值的风险因素。

第 10 条，分析师推荐，直接影响的是供求关系，仅对股票价格产生影响。

四、市场分析与证券分析

市场分析主要是侧重研究价格的影响因素和规律，主要的立足点在股东之间的博弈。证券分析主要是侧重研究企业内在价值的影响因素和规律，主要立足点在于商业博弈。市场分析派和证券分析派常常争吵不停，水火不容。其实，两者的关系类似价格和价值的关系，既有对立的一面也有统一的一面。

市场分析侧重于对短期和直接因素的研究，在立竿见影地取得投资成绩方面可能具有优势，然而由于常常与证券的实际价值这个根本因素脱节，市场分析本质上成了一场类似零和游戏的心智较量。一部分投资者通过市场交易获取的利润，基本上是建立在另一部分投资者遭受损失的事实基础上的。你只有比对手更聪明，才有可能获得胜出，否则仅靠运气好是很不靠谱的（对于市场分析的知识和技能，建议大家参阅经济管理出版社出版的畅销书《波段是金》）。

证券分析派主要是侧重企业价值研究，对影响企业价值的根本因素和长远因素把握较为准确，适合于追求稳定持久的收益，虽然有时候可能忽视一些短期的收益。对于价值投资者来说，证券分析的作用是极其重要的。证券分析主要是把分析的基点回归于商业本质，相当于从产业资本的角度来分析企业未来的发展潜力。只有企业的根基牢固了，企业的价值增长了，股东才有更好的利润和分红收益，股票价格才会持久稳定地增长。由于获得了多重可靠的保障，证券分析的结果都在预测之中。

第二节 投资与投机的区别

有一个人看到马路中央围了很多人，估计是前面出了车祸。为了能够挤到前面去看个热闹，他急中生智地大喊："请让开，请让开，那是我爹——爹啊……"别人为他让开了一条路，结果他走到中央才发现，躺在地上的是一头受伤的驴……

这个故事很好地反映了市场中那些跟着瞎起哄的投机者。不清楚事情的原委，就一定会出丑。为了区别投资与投机，我们从以下四个方面进行对比。

1. 对待风险和收益的态度

投机者每天都在想"一战改变命运"，甚至脱离实际地希望赚快钱。即使是最快的上涨股，也仍然远远落后于投机者的预期，这并非是股票有问题，而是人疯了。市场的凶险也让他们多数人受到了惩罚。投机者很有可能在连续很多次盈利后，仅一次失误就足以致命。赚快钱的想法是可以理解的，现实中却不是明智的。激进的风格也使得投机者在风险控制方面缺乏系统的和必要的多重保障，一旦遇到市场恶化，投机者将"不带走一片云彩"。

投机者的座右铭——"风险和收益是成正比的"是最虚假的谎言。有些传统的教科书，只能传达一些极端错误的理念。事实胜于雄辩，你见过几个富人是真正靠高风险的方式致富的？笑星范伟扮演的一个有钱没脑的主儿在电影《非诚勿扰》中解释"风险投资——哪里有风险就向哪儿投！"结果呢，他那个专利发明被风险投资家给丢进了大海！

价值投资者对待风险和收益的态度，基本上可以用"稳健"二字来概括。他们追求可以控制的利润，并且将各种风险因素充分考虑清楚，做最坏的打算。价值投资者特别重视充分而深入地掌握企业内部的实际情况，并对风险进行系统有效评估。努力确保各种收入方式的保障，比如对企业利润和分红的测算，除了市场之外，其他的股价保障措施等。对本金和收益的切实保障是价值投资的首要目标。他们更看重长期的、稳定的收入增长，复利滚动，让时间去不断提高财富数字。价值投资者并不是每时每刻都在投资，他们会等待有利于自己的时机，然后果断出击。价值投资者极少有遭受严重损失的情况，整体来看，他们的财富增长都是令人满意的。

2. 对待对手的态度

投机是少数人赚多数人的钱，基本上是零和游戏。投机者往往以为自己是在和电脑上的股价走势较劲，其实，对手是和他一样盯着 K 线图的人。当你投机赚钱的时候，你要想到这钱是另外一个人的；而当你亏钱的时候，你也要清楚，这钱已经到了另外一个人的腰包里。这和打麻将是相同的原理：钱总在一个封闭圈子里转，看谁更狡猾，看谁运气更好。

投资是按照商业规则或原则注入资本，并且希望企业发展壮大，价值实现稳步增长，进而实现更好的本金和收益增长。从投资的角度来讲，投资者与对手关系是相对温和的，更主要的是关注企业自身的良性发展。

3. 对待市场的态度

美国著名的小说家马克·吐温有一句幽默的股市名言："十月，这是炒股最危险的月份；其他危险的月份有七月、一月、九月、四月、十一月、五月、三月、六月、十二月、八月和二月。"投机者基本上都有预测市场的心态，电视、网络和报纸等各种媒体也都有大量关于市场预测方面的内容，这似乎更迎合了投机者的胃口。但一个令人吃惊的事实是，从股票市场产生以来，还没有哪个人能够长期准确地预测过市场走势。

中国 A 股上证指数在 2007 年 6124 点时，有些分析师大胆展望 10000点，倡导"长期投资"；反而在 2008 年股指 1064 点时，分析师看空 500 点，说投机氛围太浓！这些观点本身就是典型的投机。预测市场的人多数是在作茧自缚。只要你预测，就已经输了。因为你往往会发现，预测成功的都是马后炮，而实际操作的都是失败的。投机者一直以来的目标就是战胜市场，但从长期来看，他们明显还在追赶市场。

价值投资者偶尔也会关注股价，但更主要的是潜心挖掘公司的内在潜力，预测企业的实际运营结果。根据价值决定价格的原理，你应该能够推断出一个优秀企业的股价的必然走势。价值投资者从不预测市场，只是会很好地利用市场。市场的错误会给真正的投资者带来机会。那些关于有效市场的学说，是纯粹的梦话。

4. 实战操作的模式

投机者和投资者在操作模式上几乎是相反的。投机者往往不关心基本面，更喜欢在上涨时买入，在下跌时卖出。投资者则喜欢在股票下跌至价值以下时买入，而上涨到价格大幅超过其价值时卖出。

投机者典型的操作模式是市场化交易、超级短线交易、模式化交易。

市场化交易：就是买入股价表现优于市场平均水平的股票，也就是正在上涨的股票，而等待股票掉头向下时卖出。市场上很大一部分参与者都是这种类型。但当他们买入以后，股价却温吞起来，甚至直接掉头向下，他们又不得不卖出。反复倒腾，常常是白忙乎，还折本。他们整天生活在惊恐和忙乱之中，却得到一个"血压在升高，资金在减少"的结局。

超级短线交易：现在网络交易使得很多人对股票投资更加的浮躁，以为只要点下鼠标就完成了投资。很多证券公司为了让投资者产生交易冲动，免费发放股票终端机或电脑，让他们一刻不停地盯着那些K线图，好像百米冲刺一样地看着股票分时图的每一次波动。电视上分析师的大肆渲染，股票涨停板的诱惑，使得他们一个个像为了抢到金矿而歇斯底里的疯子。这些人中多数人喜欢短线，爱玩"T+0"，很多人疯狂地自诩为"短线快刀手"。笔者本人也曾经就职于证券公司，所以知道，市场上死得最快的，就是"快刀手"。

模式化交易：模式化交易等于嘲笑你是弱智。现在一些股票软件大肆宣扬，只要按照他们提示的买点买入、卖点卖出，成功率就是90%，长期坚持，就可以从1万元增长到1000万元。这是纯粹的忽悠，这么赚钱还鼓捣软件干什么？

更有甚者，连"星期五一般会涨"这样的周末效应等人为杜撰的研究居然也能成为人们交易的依据，甚至还是专业人员的学习教材。这和在太空上研究 GDP 有什么不同？

"华尔街只有一种东西从来不会陷入熊市，那就是愚蠢的想法。"

真正的投资者则秉承最正统的商业准则来行事和思考，他们通过考验企业的历史成绩，探求具有内在的稳健性和成功希望的策略。价值投资者脚踏实地，以客观的事实为主要的参考依据，克服情感和情绪的影响，经过长期的等待和忍耐，买入某些受到忽略因而被低估的股票赚钱；而当所持有的股票被高估时，他们也能够清醒和果断地抛售，力争获取有保障的能够确切实现的收益。

奇迹，往往出现时只有一秒，然而，酝酿奇迹，则需要漫长的岁月。

投资是成功的投机，投机是失败的投资。

第三节　投资常识＋智慧＞金融知识×1000 倍

这是赵本山表演的《马大帅》中的剧情之一，大致内容如下：

马大帅创办了一所小学。有一天学校唯一的数学老师因事缺席，几乎是文盲的马大帅硬着头皮去给学生们上课，却处理得非常精彩。

他走到讲台上，清清嗓子："同学们，今天我代课。上次课讲到哪了？"学生们如实回答。

"老师讲的你们都会了吗？"回答声就不齐了。

老马反应很快，说道："还有那么多同学不会，你们平时要努力学习啊！""那我们先复习几分钟。"

几分钟过去了，同学们都抬起了头。

老马接着说："我检验一下大家的学习成绩。翻开书，我们做几道习题。"

老马问大家哪几道题比较难，大家都纷纷告诉了他。

老马让不会这些题的学生将习题写在黑板上，说："今天我们就要解决这些问题，好好听课，要弄明白，不能半懂不懂的。"接着，他说："现在，谁会第一道题？请举手。"平时学习好的学生纷纷举手。

老马喊其中一个举手的学生上台，让她把答案写在黑板上。然后，拿起教鞭，指着黑板上的题和答案问下面的同学："她做得对吗？"下面齐声回答"对"。老马很从容地在这道题上打了一个"√"，"这位同学做得很对，大家要向她学习。"

"现在谁会第二题？"

……

就这样，没有一点数学基础的老马居然给高年级的小学生上完了一节数学课。

我想通过这个故事告诉大家一个道理：常识、智慧比知识更加重要，这同样适用于投资领域。很多高学历的专业人士，成绩往往让人大跌眼镜，他们并不是缺乏知识，而是缺乏常识和智慧。反之，普通投资者即使没有高深的学历和专业背景，但通过掌握最基本的常识、智慧，同样能够战胜基金经理。笔者所了解的真正的投资大鳄中，学历高的寥寥无几。

下面，我们将会跟大家分享在价值投资领域重要的投资常识和智慧，以便您能够更好地理解后续章节的内容精髓。

1. 遵循利益换位思考法

"二战"时期，一个美国将军为了诺曼底登陆的跳伞成功率，要求降落伞的质量合格率达到100%，以保护每个士兵的生命。而厂家给出的答案是，我们只能做到99.9%，这就意味着1000个人中，就有1个年轻的士兵因此而丧命。将军的办法很简单：从厂里所有参与设计和生产的员工中随机抽取部分人员参与试跳，跳成功了就验收。结果，成功率100%。

这个故事告诉我们，只有将对方的利益和你自己联系起来，你才能顺利实现目标。股票投资其实和人生处世是境界相通的。不知你有没有这种经历：在单位自我感觉能力强，总是想着怎么把顶头上司给干下去，然后自己坐到那个位子上去，然而，结果往往是领导没有被干下去，最后是你自己卷铺盖走人。这就是缺乏智慧的表现。领导之所以是领导，总有看得见的或者看不见的原因，有他的必然性。我们讲的利益关联就能够解决这个问题。你应该和领导搞好关系，建立利益关联。然后，努力工作，把他推向更高的位子，然后，这个位子肯定是你的。前后两种处理问题的差别是：一个是树敌，另一个是结盟，你觉得哪个更容易成功？

绝大多数中小投资者，根本就不会换位思考，所以为此付出了代价。你要多站在大股东的角度来思考，多站在管理层的角度来思考，多站在国家的角度来思考，那你就会少了很多烦恼。中小投资者中为什么也有人赚了钱？其实，即使赚了钱的也不清楚他们是自觉不自觉地和最强大的实力资金集团站到了一起。这就像战争一样，跟着首长的战士是最安全的。

做一件事情，你首先要考虑到最终受益者是谁。比如炒黄金，大家都疯了似的炒黄金，那最后的受益者是谁？一定是黄金储量最多的人！黄金储量最多的是谁？美联储！一群疯狂的人把黄金价格炒高，最终渔翁得利的是美联储。国家要囤积的是必需的和核心的资源，需要大力招揽的是人才。黄金作为一般等价物和货币已经成为历史。剩下的，就是听中央的话，没错！

回归我们的股票市场。在股权分置改革以后，绝大多数股票的法人股和创业股东开始逐步解禁，市场将进入全流通时代。但是，笔者要提醒各位投资者，从利益换位思考的角度来讲，如果大股东一旦等到股票解禁就开始大甩卖，说明什么？说明他自己都看空这个企业。由于原始成本不同，这些价值就是从中小股东身上抽走的。作为中小股东，你肯定没有近水楼台的优势，还是小心为上，因为他选择了和你脱离共同的利益关系。

记住，要和最关键的人及最强者站到一起。

2. 商业逻辑

股票投资本质上也是商业投资，所以，股票投资的很多逻辑来自于商业。既然是商业逻辑，我们就可以从现实的商业活动中获取最基本的逻辑，以帮助我们辨别是非。

例一：一家根本不知名的小百货公司市值居然比实力首屈一指的王府井百货还要高，你觉得这正常吗？在买入这家小公司的股票前，你是否应该想想还忽略了很多重要的因素？

例二：一家快速消费品龙头公司市值500亿元，说产品覆盖全国，而你所在的大城市却极少发现这家公司的产品和广告。你觉得，他们说的话是真实的吗？

例三：一个行业市场潜力是100亿元，而行业中前两家企业分别表示，自己的营业收入为60亿元和50亿元，你觉得这合理吗？

例四：一家工业企业的上市公告书说，本企业连续10年保持高速增长。然而，从10年前成立时注册资本1亿元，10年的"高速增长"，现在总资产也只有2亿元。工业企业就不购置厂房和机器设备，成立研发中心？"高速增长"从哪里来？

以上例子说明，最常规的商业逻辑有时候会帮助你思考一些深层次的问题。

3. 化繁为简，抓住核心

我们在马戏团时常看到动物表演，比如，熊、猩猩、海豚、老虎等，它们可以做很多复杂的事情，令人惊叹。然而，这些动物是如何训练的呢？要知道，一开始，这可都是一些野性十足的家伙，根本就不会听人的指挥。驯兽师的话值得我们深思：对动物们来说，它们根本不是在表演，而是在等待食物。在平时驯兽师训练这些野生动物的时候，它们根本不懂人的思维，于是，驯兽师将这个复杂的沟通问题简单化，变成做一个动作就可以获得食物，做其他的就没有食物甚至还有马鞭伺候。久而久之，动物对食物的天生爱好和对马鞭的天生畏惧，就变成了严格按照驯兽师标准完成的动作。也就是说，同样一件事情，在动物理解就是为了获取食物，而在人方面的理解就是表演。这就是化繁为简的能力。

同样，化繁为简在我们进行股票分析的时候，也会起到非常重要的作用。有些问题盘根错节，纷繁复杂，直接处理会事倍功半。这个时候，我们要学会化繁为简。您会在后续章节的阅读中体会到我的这种思路。您绝对不会因为金融基础差、数学基础差等专业问题，影响分析的质量。对我来说是把专业技能教给你，而对你来说，就是在游戏和玩耍。

比化繁为简更高层次的处理思路是：抓住核心。

射人先射马，擒贼先擒王。抓住核心才能取得关键性的胜利。特别是对于老板和股东来说，事情如此繁多，你眉毛胡子一把抓，肯定不是处理问题的最佳思路。只有舍得放手小事、抓住核心的人，才能有足够的时间精力来成就大的辉煌。我们分析股票时也会用到这些思路和方法，即不要对一小部分无足轻重的细节处理斤斤计较，而要对关键的、核心的、影响较大的部分采取非常严格和审慎的措施。

一些上市公司的管理层比较狡猾，在股东会上，他们把冗长的议案列成长龙，严重扰乱了股东的视线。一般股东的惰性和懦弱，会让自己因为怕遭到嘲笑而不愿意深入仔细地研究其中的内容。而这种情况下，你很有可能忽视了长龙中的一节小字，记载的却是非常关键的内容，比如定向增发股票（可能有严重的利益输出和利益侵占）。这个时候，你要有个原则，就是抓核心。他们的目的或许就是通过其他的不重要的、不关键的内容消耗和转移你的精力，而让你可能忽略最核心的内容。

现在你会发现，很多上市公司的年度或季度报告，篇幅相当惊人，有的是出于卖弄文字大唱赞歌，有的则是居心叵测，试图用障眼法迷惑你，让你忽略掉他们最害怕让你看到的东西。对于你来说，千万不要上当。其实，上市公司的报表，最核心的部分寥寥无几，一首小曲儿哼完，我们就能看个大概。

作为股东和老板，最主要的不是你有多博学和多专业，而是你是否具备充分的常识和智慧。这些常识和智慧，大多来自哲学和日常实践的启迪与思考。

案例：价值投资的代表人物

毫无专业知识的普通人绝对能够在三天内学会价值投资的精髓，只是你是否在执行和坚持。你能够从现实的成功的人身上找到这些类似的可贵的本质，而不是所谓"专业人士"所说的难于上青天。要看一个方法究竟是否切实奏效，就看使用这个方法的人是否能成功？道理简单质朴。下面我们列举几个价值投资的代表人物，以展示价值投资的强大实战威力。

1. 刘元生

1988 年 12 月末，万科正式向社会发行股票，因为一家本来承诺投资的外商打了退堂鼓，与王石相熟的中国香港人刘元生闻讯用 400 万港元认购了万科 360 万股股票。1992 年，刘元生持有万科股票 370.76 万股，以后随着万科送股配股，加上刘元生通过二级市场增持，他拥有的万科股票逐年增加。到 2011 年为 13379.12 万股，虽然经历了近 4 年的熊市，万科的股价也经历了大幅的下跌，但是，刘元生所持有的市值还是处于 10 亿元以上。20年间股价增长幅度超过 250 倍。

2. 彼得·林奇

在彼得·林奇出任麦哲伦基金的基金经理人的 13 年间，麦哲伦基金管理的资产由 2000 万美元成长至 140 亿美元，基金投资人超过 100 万人，成为富达的旗舰基金，基金的年平均复利报酬率达 29.2%。

3. 沃伦·巴菲特

沃伦·巴菲特以 100 美元起家，11 岁购入第一只股票，到 2011 年其财富已经在 500 亿美元以上（2010 年高峰时，其财富达 690 亿美元）。价值投资的全球代表人物，世界公认的"股神"。

4. （　　　）

之所以留着这个空位子，是希望读者把你自己的名字写上。然后，照着本书后面教你的方法去做，别偷懒。笔者希望若干年后，这本书再版时，能够将你的名字公然印刷在这个位置。别怀疑，我不是在开玩笑。

本章小结：

针对市场上普遍的错误认识，本章强调了股票投资的商业本质，并且对价值投资进行了定义，即物美价廉可兑现的投资。在区别了投资和投机的本质之后，我们对价值投资的基本常识和分析思路进行了阐述，以帮助投资者从整体上更好地进行价值分析。

价值投资的实战指导意义重大，是经过长期验证之后最可行的投资模式。在中国资本市场日趋成熟的今天，它将会发挥越来越重要的作用。

第二章 轻松游戏——玩会财务报表

本章导读:

多数人把读财务报表当做一种负担,但是,读了本章之后,或许会让你把读财务报表变成一种精神的享受。你会急切地寻找一切报表来进行解剖,进而对企业把脉和体检分析,发现其价值和存在的问题,因为这显然已经成为你的一种拿手游戏。

第一节 阅读财务报表的思路和原则 (游戏规则说明)

阅读公司的财务报表,主要是为了了解一个企业的真实经营成果和能力,以对企业价值做出准确的评估和判断,确保投资能够具备本金和收益的切实保障。这就要求我们自己要具备"防骗"的能力。

我们要根据真实的财务情况,对企业经营成果和能力作出评判。

1. 阅读财务报表的核心——比较

企业财务报表分析的灵魂在于——比较。我们前面讲的化繁为简,抓住核心,在这里就体现出来了。不少人把大量的精力放到复杂的财务专业处理上去,殊不知,那些上市公司雇佣的高级财务人员绝对有比你更深厚的专业背景,跟他们比专业,那是自找苦吃。我们要做的就是要抓住财务报表分析的灵魂——比较。比大小总会吧？这样我们就把复杂的财务报表分析变成了数字比大小和挑毛病的游戏。这些都是幼儿园启发智商的游戏。现在我们这些成年人来玩玩，还是比较有趣的。

正常的设想情节应该是这样的：你作为老板和股东正在办公室叼个烟嘴，跷着二郎腿思考问题，这时候高才生下属进来了。他知道你是小学毕业，所以汇报工作的时候故意用一些非常深奥的专业知识来搪塞你，甚至用来邀功。这个时候，你只需要注意他的数字。等他讲完，你应该雷霆大发："怎么搞的？你知不知道你比别人落后了多少？老王比你多干了50%！下个月再不见成绩，你就给我卷铺盖走人！"这个时候，你那个下属就不会再拽什么专业了，他会灰溜溜地退出去，而且害怕你辞掉他，还要努力地工作。

2. 整体分析

分析问题要有整体分析的格局，这样才能做到分析的准确性。有些问题在局部上看是合理的，但放到整体上看就可能是不合理的。人的境界有时候就与分析问题的格局有非常大的关系。中国成语里有两个词：坐井观天和高瞻远瞩，深刻地反映了小人物和大人物之间的区别，就是看问题的格局不同。小人物只关注井口大的一片天，关注的只是一些生活琐事；而大人物特别是伟人看问题的格局和角度，远远超出常人，天眼看世界，所以才能准确地把握形势，运筹帷幄，力挽狂澜。

我们读报表也要跳出局部，从整体上对某些财务指标进行全面分析。比如销售费用大，是好事还是坏事？如果是销售收入增长更快，那就是好事，否则就不是好事。所以，整体分析有利于作出正确的判断。再比如，账上现金较公司规模而言比重较高，是不是好事情？也需要从两方面来看。如果是公司所处行业有衰退迹象，储备现金是为了顺利渡过危机，或者公司不需要再扩大投资就能保证利润稳步增长，就是好事情。反过来，如果公司所处行业正在快速增长期，你账上的闲置资金不去研发新产品，扩张产能占领市场就是浪费资源。

3. 历史地看待问题

不能仅仅凭一年的财务报表就判定一个企业的好坏，最好是连续跟踪三年以上，这样你对一个企业的发展脉络就更加清晰。因为谎言会用另外一个谎言来掩饰，但终究有暴露的时候。你对一家公司连续跟踪几年就会发现他们的葫芦里装的是什么药了。即使不知道什么"药"，也至少知道是"良药"还是"毒药"了。

延长分析视窗。这就从很大程度上避免了公司偶然性的业绩因素干扰我们对这个企业的价值评判。一个好学生考100分，是比较正常的事情，但一个平时都不及格的学生，突然考100分，你自然会引起警觉——他会不会是作弊？

4. 基本常识判断

财务报表的阅读并不是只与那些杜撰的文字、表格和数字打交道，而是和自己的经验、基本常识打交道。有几点常识愿与各位读者分享。

（1）把报表和在实际的商业领域对这个企业的印象进行对照。实地调研是比较奏效的办法。如果是消费品公司，你就要到商场超市去看看他们的实际产品销售情况以及客户和销售商的评价。如果是工业公司，那就寻求相关专业人士对他们的技术和能力的评价，甚至是找机会询问他们的职工的加班和工资情况；如果是网络公司，就打开他们的网站看看他们的服务内容是否令人满意以及实际的点击量。一个市值100亿元的消费品企业，如果你和你身边的人连名字都没有听说过，那就说明现实和报表有出入。优秀的公司要么主动在消费者心中留下品牌形象，要么被动被媒体当做当地政绩宣传。好公司难以真正做到低调。彼得·林奇就喜欢在旅行中去实地调研和拜访企业，这是个好习惯，这个习惯也越来越多地被中国的不少投资者接受和运用。

（2）企业财务结果透明化还是模糊化。如果企业的会计业务是为了让股东能够更加清楚地了解企业的实际情况，他就会采取透明化、简单化的会计处理方式。这是对股东负责的态度，值得称赞。如果企业的会计业务旨在让你陷入头脑混乱，比如"一次性的"费用和"异常"项目频繁出现，那么，企业对股东的忠诚值得怀疑。

（3）阅读报告试着从后往前看。这是利益换位思考的现实应用。当你研究某企业的财务报告时，从最后一页开始，慢慢地往前阅读——凡是企业不愿意你看到的东西都放在后面。这是一位著名的财务管理学教授传授的方法。

（4）注意企业长期模式化或固定化项目的变化。企业长期模式化或固定化项目的变化，是比较反常的现象，一定要注意其是否合理。这些项目包括：

重要会计政策的变化（会计方法变更是重大事项）。会计政策的变化往往会直接改变会计的处理方式，同样的企业做出的报表是不同的。

频繁变更会计师事务所和律师事务所：会计师事务所和律师事务所作为中介服务公司，一方面为企业服务，另一方面也担负着监督企业的责任和义务。如果频繁变更会计师事务所和律师事务所，往往是企业已经出现了问题，要特别警惕！最典型的例子，就是云南绿大地上市仅仅2年就更换了2次会计师事务所，事实上是公司的内部失控，涉嫌造假上市，董事长何学葵被送进了监狱。

缴税金额与企业业绩不成比例增长，一个行业的税率是基本持平的。如果一家上市公司连续几年收入没有增加，缴税金额却快速增长，税率不断提高，很有可能是以前的欠税延后，等上市让中小股东来埋单了。

（5）部分上市公司规模较大，已经成为拥有一家或多家子公司的集团公司。企业的报表有"母公司报表"和"合并报表"的区别，两张表都会列示。"母公司"指的就是企业自身，即上市公司，而不是上市公司的母公司；"合并报表"的"合并"，指的是上市公司加上子公司的组合主体。合并报表实际上展示的是"母子一家人"共同的实力，排除了内部关联交易的部分（比如儿子欠母亲的钱，就仅仅是家庭内部关联，但这家人整体对外的债务就是0，合并报表的负债就为0）。

5. 确保财务报表信息的真实、准确、完整、及时

财务报表信息的真实、准确、完整、及时是准确进行财务分析的基础。

首先，分析财务报表之前要确认信息来源是否可靠。建议直接从官方公布的渠道获取（一般公司的官方网站或所在交易所的官方网站上都有公司的财务报告供股东下载）。不要忙了半天，发现财务报表不是该企业的。

传统股票软件里的F10里也有企业三大报表的简单列示，不过其中反映的内容不够完整和全面，所以，还是按照我们所说的办法到公司公布的网站

（一般股票软件的 F10 栏目里都有一个"企业概况"栏目，上面公布了企业的网站地址）上去下载。企业财务报表一般在企业网站的"投资者关系"栏目里。

其次，要看财务报告的数据是否充分、准确，主要是看财务报告是否结构完整，文字、表格、数字是否清晰、流畅和格式规范。企业财务报表的主体部分是三张报表即资产负债表、利润表以及现金流量表。财报分析的重点就是对这三张报表的分析。

最后，还要检查报表公告的日期，以免使用了过期报表，出现低级失误。企业一般每个月都作财务报表，但是被要求公开的是季报、半年报和年报。平时我们分析的报表一般就是能够公开展示的季报、半年报和年报。季报是季度结束后一个月内公布，半年报是半年结束后一个月内公布，年报是下一年的 1~4 月公布。下载报表前，请仔细核对日期。阅读企业的报告，不但是投资的需要，更是一种学习的过程和心灵的启迪。特别是当你伴随着企业的发展壮大，自己的投资也获得了稳步增长的时候，你会有一种成就感和充实感。伴随着伟大企业的成长，是一种美妙的人生享受。

第二节　资产负债表

资产负债表是展示企业"肌肉和身材"数据的表格。一般一个企业展示自己的强大，都喜欢带参观者去参观他们雄伟的办公大楼，标准化的厂房和生产设备以及他们的研发中心等机构组件，让你体会机器运转和员工忙碌的热火朝天的生产场景，这就是展示"肌肉"。资产负债表，就是相当于用文字的形式带你去参观他们的企业。

一、资产负债表的结构和作用

1. 资产负债表的结构

资产负债表有一个著名的会计恒等式，清楚地反映了资产负债表的组成结构。这个恒等式就是：资产＝负债＋所有者权益。这是会计语言，我们翻译成白话，就是：企业的体重＝脂肪＋真正的骨骼和肌肉。资产就是企业拥有的一切可以使用的资源，当然是能够用货币来衡量的资源，相当于企业的总体"体型和体重"。负债就是企业从银行获得的贷款或其他借款，相当于企业的"脂肪"，所有者权益就是企业自身的实际净资产，也就是股东实际投入的资产，相当于企业的"骨骼和肌肉"。

资产负债表的框架结构，就是按照我们上面的会计恒等式来的，左边是资产的列示情况，右边上方是负债的列示，右边下方是所有者权益的列示。资产负债表的主体部分见表2-1，资产负债表的结构见图2-1。

表2-1 资产负债表主体部分

流动资产	流动负债
长期投资	长期负债
固定资产	所有者权益
无形资产与其他资产	
资产总计	负债+所有者权益合计

需要说明的是：资产大类中有一系列小科目，这些小科目是按照各种资产的变现容易程度排列的。比如，货币资产就指的是现金，不用变现，所以排第一；而交易性金融资产，比如股票，要卖掉后才能变成现金，所以排在现金后面；应收账款则还要抓紧安排收款，防止拖欠账款（这已经是一个中国企业普遍面临的问题），变现的难度就更大一些，因而排在更后面，其他科目依次排列。同理，在负债大类里的一系列小科目，也按照一定的顺序排列，排列的依据为付款的紧迫性。

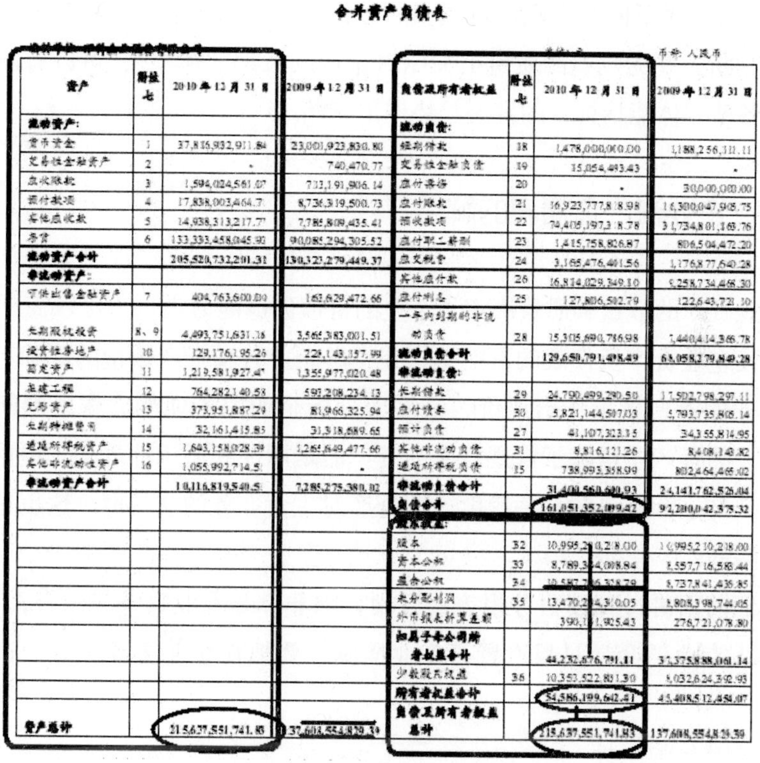

合并资产负债表

图 2-1　资产负债表结构

2. 资产负债表的作用

资产负债表有如下四个基本方面的作用：

（1）资产负债表中列出了企业拥有或控制的资源的数量及其性质（企业的"肌肉"和"脂肪"有多少）。

（2）资产负债表上的资源为分析收入来源性质及其稳定性提供了基础（比如，企业"肌肉"强悍，则很可能是一个"大力士"，这是相辅相成的。"身体瘦弱"不可能具有稳定的"大力气"。一句话，硬件基础决定了软件能力）。

（3）资产负债表列出了资金来源和资本结构，可以对企业的偿债能力作出评价（通过对企业的"肌肉"和"脂肪"的比例分析，可以对企业的"身体负担"作出评价）。

（4）通过对不同时点资产负债表的分析，可以对企业财务状况的发展趋势作出判断，并为收益的质量把关（对企业的长期"体检"，可以有助于对企业的各项"体能指标"的发展趋势作出判断）。

二、企业资产负债表的解读

企业资产的数量和质量决定了企业的价值创造能力。

解读企业资产负债表的目的是，在了解企业各项资产数量的基础上，进而对企业的资产质量作出评价，最终为分析企业的各项能力作出判断。此处，企业的资产质量除了常规意义的资产的耐用性和适用性之外，更重要的是指资产与主营业务的相关程度，即资产对主营业务的支持度。这也是股东最想了解的。

我们前面讲过阅读财务报表的原则，除非你是专业财务工作者，否则，不要陷入专业的会计科目设置等专业怪圈，要抓住企业主要的方面进行分析。

1. 资产结构分析

（1）资产负债结构分析。资产负债结构分析主要是侧重于对资产和负债的比例分析。就像人骨骼和肌肉与脂肪的比例会影响人的身体质量一样，企业的所有者权益（净资产）和负债的比例，也会影响企业的运行质量。

我们在很多场合下都会看到企业宣传自己的时候，用到一个词——"总资产"。某企业总资产达到若干亿元，其实，只是告诉你企业的规模，也就是企业的 "体型和体重"，是"骨骼、肌肉"和"脂肪"的总重量。总资产并不能证明企业就是优秀企业，就像人的体重是 100 公斤也并不能证明他很强壮一样。

在资产负债表中，资产 = 负债 + 所有者权益。问题是，是负债占据整个资产的比重大，还是所有者权益占据资产的比重大。根据化繁为简的思路，我们只需要做一个简单的数字比较：所有者权益 VS 负债。

如果所有者权益大于负债，基本上证明企业是"肌肉"型，当然所有者权益越大，就越有"肌肉"，块头也越大；如果所有者权益小于负债，证明企业可能是个胖子，特别是资产中有绝大部分都是负债的情况，就是超级肥胖了。企业究竟选择"肌肉型"还是"肥胖型"路线，取决于其独特的发展状况和发展思路，并不能一概而论地说哪种资产结构更好。

如果企业是处于快速成长期，可能会选择适度较高的负债，因为企业的消耗较大，但它能转化成价值，促进企业自身的成长。如果企业是成熟性企业甚至是规模性大企业，业务增长缓慢甚至开始衰退，这个时候负债过大，就很容易出现风险，因为一旦业务波动，企业就有可能面临资不抵债的情况。很多企业都是倒在了高负债率面前。整体而言，企业还是选择较低负债的资产结构较好，"肌肉型"更容易取得竞争的优势。"大胖子"企业，只在很少的领域和情况下具备竞争优势，多数情况下其"身体素质"是值得担忧的。

总资产负债率 = 负债 ÷ 总资产

这个简单的算式计算出来的结果，能够直接告诉我们企业有多少比例的资产来自于借债。总资产负债率会影响企业业绩波动的幅度。我们把这个影响叫做杠杆作用。

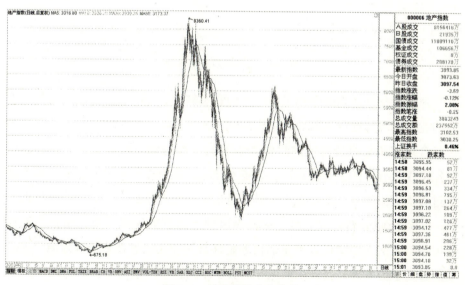

图2-2 地产指数大盘走势

如果总资产负债率越高，就说明企业越想借鸡生蛋，杠杆系数越大，我们把它叫做投机性资本结构；反之，总资产负债率越低，就越本分，我们把它叫做保守性或者稳健性资本结构。

　　房地产企业整体资产负债率较高，投机成分较大。

　　绿景控股企业和沙河股份企业采用了投机性的资本结构，即一直维持高负债率。企业的业绩几年来随着行业周期波动较大（见图2-3、图2-4）。

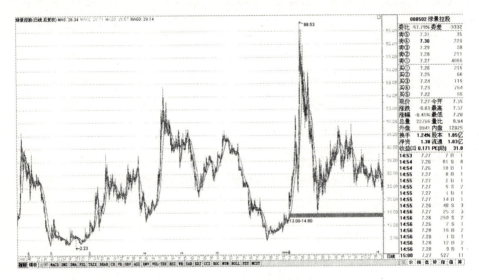

图2-3　绿景控股大盘走势

　　片仔癀和铁龙物流采用了保守性的资本结构，即一直维持较低负债，企业的业绩相对稳健（见图2-5、图2-6）。

　　合理使用银行贷款或向投资者募集的债券融资（特别是出于季节性需求）不仅是合法的，甚至可以改善资本结构，提升企业价值。然而，债务数量过大而支出的财务费用超出了其本身能对企业产生的盈利，就特别值得警惕。一旦企业业绩出现下滑，可能会出现一系列的连锁反应，形成恶性循环，最终丧失企业价值。大量的债务始终是企业无法忽视的风险隐患。企业要想长期稳健发展，必须采取保守的资本结构，即少量借贷，恰到好处。

　　企业会根据自身情况，改善自己的资本结构，以更加适应市场竞争的需

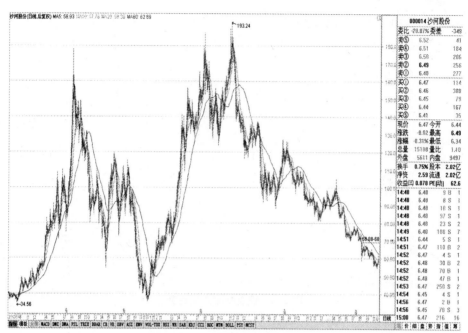

图 2-4 沙河股份大盘走势

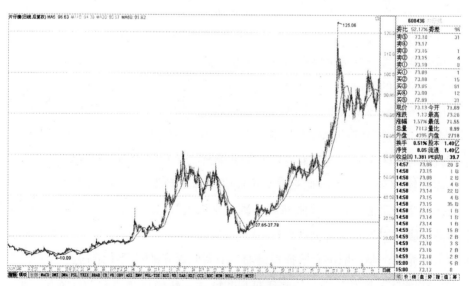

图 2-5 片仔癀大盘走势

图 2-6 铁龙物流大盘走势

要，这样的做法是值得称赞的。比如随着企业的快速成长，企业逐步开始降低资产负债率，做实资产，使其业绩波动逐步收窄并趋于稳定增长，降低运行的风险。实际上也就是为股东创造了价值，保障就是价值。别听什么"资本资产定价模型"等金融学术派太理想化的分析，他们总是把很多思维放在几乎不可能的假设上。记住，企业永远不可能保持"冲刺状态"，一旦发展速度降下来或环境改变，企业容易立刻陷入崩溃。那些在鼎盛时期突然倒下的企业，就是最好的教科书。企业不是想借钱就能借钱，同理，也不是想还钱就随时都能还钱，这是商业经营的残酷现实。很多企业家描述银行"在你不需要钱的时候，拼命地送钱，并且施以鲜花和掌声；在你最需要钱的时候，却坚决跟你要钱，冷眼寒眉，翻脸不认人"。错了鼓点，往往会让企业遭遇最凄惨的冬天，甚至是末日。

优秀的企业一般都会选择稳健的（或者叫保守的）资本结构。

稳健的资本结构并不是旨在对利润保守，相反这是对利润最大的保障。此处的保守或稳健的意思正是有保障，和我们主张的价值投资一脉相承。长期以来，我们坚持认为只有做到以下两点，才是稳健的。这两点就是：第一，货币资金>负债总额；第二，投资收益率>利息率。这两组简单的比较，实际上分别代表了对企业价值的两层保障。

①货币资金>负债总额。例子见表2-2、表2-3。

表2-2 爱尔眼科资产负债表（2011年第三季度报表）

财务指标（单位）	2011-09-30	2010-12-31	2009-12-31	2008-12-31
资产总额（万元）	171268.77	161282.78	141196.13	39650.74
负债总额（万元）	33958.28	30423.46	17808.10	13451.74
流动负债（万元）	27547.84	24023.46	11408.10	7051.74
长期负债（万元）	—	—	—	—
货币资金（万元）	66207.95	77414.82	92171.09	2804.14
应收账款（万元）	5539.06	3396.29	1815.92	981.13
其他应收款（万元）	2562.58	4696.02	1665.53	1326.83
坏账准备（万元）	—	—	—	—
股东权益（万元）	132568.28	127700.32	120846.78	23658.33
资产负债率（%）	19.8200	18.8600	12.6100	33.9255
股东权益比率（%）	77.4000	79.1700	85.5800	59.6667
流动比率	3.3054	4.0786	9.1256	1.4330
速动比率	3.0311	3.8824	8.8771	1.0738

表2-3 西王食品2011年第三季度报表——资产负债表

资产		负债
货币资金：2.83亿元		
应收票据：0元		3.23亿元
应收账款：0.55亿元		
资产合计：3.38亿元		负债合计：3.23亿元

货币资金＞负债总额，实际上就是对本金的保障，因为账上的货币资金就可以轻松应对负债的偿还了，根本不会对企业的正常经营造成影响（当然，这里的货币资金也不是越大越好。囤积太多的现金，对企业的经营运转也会形成拖累）。

激进型投资者可能会想，只要公司到期能够顺利偿还负债就可以了，为什么非要在账面上保持大于负债的金额呢？这看起来不是在资金闲置吗？其实不然。因为激进型投资者没有想到，一旦公司经营出现波动，到时候不能顺利偿还，那就要迫使企业廉价卖出其他资产，以避免债务违约。而其他资产都有自己独特的运行规律，一旦被打乱，很有可能影响整个企业的正常运行。比如，交易性金融资产这一项目，如果直接出售（比如股票），那很有可能在不利的时刻出售，这些资产很可能折价兑现，这会使得企业遭受损失。而应收账款也因为还款周期问题未必能够如期抵达你的账目，这些都是存在变数的风险，也就是缺乏保障。所以，提前预想到各种风险，才能保障企业的运行按照预期的计划推进，也才能最大化地保障公司价值。不要假定你不会遇到风险，这可能是最大的风险。不少其他方面都很优秀的企业，就是因为麻痹大意，导致债务在一段时期内突然集中到期，企业回天乏力，不得不宣布破产。我们的人民解放军有句名言——放弃幻想，准备打仗。唯有做好一切准备，才有可能赢得未来。

当然，对于很多成长型中小企业，正处在快速发展时期，货币资金几乎全部都投入到公司研发和规模扩张上去了，这些企业账面上的货币资金可能相对较少。这个时候，我们可以适当放宽条件，但也必须符合以下条件，即货币资金＋应收账款＋应收票据＞负债总额。

这个地方为什么加上了应收账款和应收票据，而不是交易性金融资产或存货呢？因为应收账款的回收是有商业信用延续的，商业合作多年之后，合作伙伴之间也会适当地相互体谅和帮助。应收票据具有很强的变现性，作用仅次于现金。而交易性金融资产的出售，如果时机不对，那会造成很大的落差。这个笔者深有体会，被动干的事，肯定没有理想的结果。另外，再说存货。存货看起来是钱，其实，真正兑现的话，价值往往跟你的核算有很大的出入，而且会直接影响正常经营（要想快速兑现就必须要折价出售，从而扰乱正常的销售计划）。所以，卖存货这条不太靠谱。数来数去，也就是应收账款和应收票据能做还债的后备军了。

刚才我们讲过，对于成长型中小企业，在这一条上我们是放宽了标准的。放宽标准，中间就有风险成分了。本着价值投资的"切实保障"原则，我们还会加上其他的条件，以确保风险被有效防护，那就是经营活动产生的现金流（属于现金流量表中的内容，见本章第四节）＞负债总额。当然，对于成长股的价值保障，还有更多措施，我们会在后续章节中深入探讨。

②投资收益率＞利息率。这个公式实际的含义是：实际的企业经营收益绝对能够保障利息的顺利偿还，也就是对企业偿还利息的切实保障。

企业负债主要是为了补充项目经营资金。项目的投资收益率必须要大于利息率，这个项目才能给企业带来正收益，也才是有价值的。投资收益率越大越好。在公司的公告中常常看到企业的投资公告，比如："公司拟以×亿元资金投资×项目，建成后每年收入和利润分别达到×，项目投资回收期为×年。"其中的投资回收期就是投资收益率的倒数。投资收益率＝（1÷投资回收期）×100%。比如投资回收期为 5 年的话，那么项目的投资收益率就是（1÷5）×100%＝20%。如果你的负债利息率为 5%，那么，你这个项目除了能完全保障利息支出外，还能给企业带来 20% － 5% ＝ 15% 的收益。

我们极力主张企业采取稳健的资本结构，除了对于企业偿还债务的能力因素之外，还有一个更加深层次的问题，就是企业的盈利模式。如果冷静分析，所有缺钱的企业的盈利模式几乎都有致命的问题，而真正具备科学盈利模式和盈利能力的企业，根本不缺钱。所以，一般针对负债率较高的企业，我们都保持一定的戒心。

投机性的资本结构，也就是高负债率的资本结构，也不是没有一点利用的价值。在选择股票介入点和卖点的时候，投机性资本结构也可以提供独特的套利机会。

由于高负债率即高杠杆，相对于其他同类企业来讲业绩波动会更大。在好年景或是市场景气的环境下，它们的业绩比同类企业增长更快，企业的股价就会高于同行，可能导致股价被严重高估；在年景差或市场不景气的环境下，它们的业绩也会大大落后于同类企业，股价又常常被打入冷宫，导致严重低估。这就为激进型价值投资者提供了中短期套利的机会。在确保公司能够持续运行的前提下，当股价在不景气周期被严重低估时，可以逐步介入；而当股价在景气周期被严重高估的时候，就套现出局。

（2）经营性资产和投资性资产的结构。上市公司都有自己的长期经营的

45

业务，也就是经营性业务，这是企业的立业之本。我们投资一个企业，就是希望它能够在主营业务上挖掘潜能，创造出令股东满意的价值。但是，有些上市公司除了经营性业务之外，还有一些其他辅助的盈利模块，这就是投资。

企业的投资分为两种类型：一种类型是对业内子公司的投资，实际上也就是项目投资。比如万科投资于全国各地的项目子公司，青岛海尔（青岛海尔的大盘走势见图 2-7）投资家电加工生产和专卖店等子公司，就是属于对内投资。这种投资只是一种管理模式，本质上还是经营性业务，资产负债表上一般计入长期股权投资科目。另一种类型是对与主业无关的项目进行财务投资（交易性投资），比如投资房地产、投资股票、买基金等，本质是投机性资产，资产负债表上一般计入交易性金融资产科目（投资性资产＝长期股权投资＋交易性金融资产；经营性资产＝总资产－长期股权投资－交易性金融资产）。

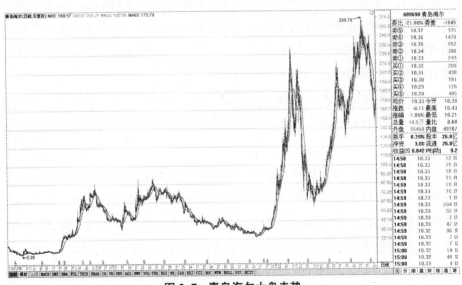

图 2-7　青岛海尔大盘走势

对以上两种方式，投资者要区别对待。大家要仔细阅读财务报表后面的明细解读，如果是对内投资与主业相关的资产，可以定义为经营性资产，我们对此种投资持基本赞成态度；我们强烈反对非专业的投资理财公司，持有比重较高的财务投资性资产，特别是证券、金融资产。凡是涉及炒股票、买基金、玩期货的企业，要躲着它走。就它们的炒股水平，实在不敢恭维。连自己的本业都干不好，其他的野路子你能走好吗？就像一个足球运动员输了球，却说自己会唱歌。人家看你的球，不是听你唱歌。如果你真的唱歌好，为什么还要在球队？企业的本分就是发展核心业务，因为这是企业最专业的和可以控制的，有较强的保障能力的，这样才能创造出更好的企业价值。

我们的结论是：经营性资产＞投资性资产，是较为理想的资产结构。除此之外，交易性金融资产在整个资产中的比重越小越好，最好没有。

前面我们讲过资产质量，重点指出资产与主营业务（经营性业务）的相关度是资产质量的关键。我们对经营性资产和投资性资产的结构分析，其实就是对企业资产质量的深入分析。

2. 预收账款和预付账款体现公司核心竞争力

资产负债表的一个重要的作用就是，我们可以很迅速和直接地对企业的核心竞争能力作出分析。什么是企业的核心能力呢？我们纯粹从财务上说，就是对上游供应商和下游客户的议价能力。一个企业能够做到预收客户的货款，企业一定具备过硬的产品和强大的影响力；而对欠供应商的钱，却能够从容地推迟付款，说明自身也具有难以替代的价值。这样两头都被控制了，中间的自由空间就是企业的价值了。您猜像美国的苹果公司会不会是这样的公司呢？

在资产负债表中，右侧负债栏目里，您能够找到"预收账款"科目，这就是指预收客户的货款，这个数字越大越好，越大说明企业很有实力，能够不干活就能先把钱拿到手；在左侧资产栏目里，有一个"预付款项"，就是必须提前支付给供应商的货款，这个数字越小越好，越小说明企业可以很好地控制付款时间，从而让现金在企业内部加速运转，产生更大的价值。所以，预收账款越大，预付账款越少，企业的核心竞争能力就越强大。反之，企业的核心竞争能力就不明显。下面以格力电器为例加以说明。格力电器的大盘走势见图2-8。

图2-8　格力电器大盘走势

根据 2010 年年报格力电器资产负债表数据，格力电器预付账款与预收账款的对比情况如表 2-4 所示。

表2-4　2011 年年报格力电器预付账款与预收账款对比情况

名称（格力电器）	金额（元）
预付账款	1692953801.51 元（约 17 亿元）
预收账款	14522112943.56 元（约 145 亿元）

通过格力电器的预收账款远远超过预付账款的事实，我们可以得出结论：格力电器具备非常强的市场议价能力，这就是企业的核心竞争力。

公司优势在资产负债表上的体现，除了预收账款、预付账款的表现之外，还有其他一些科目，如表 2-5 所示。

表2-5　企业议价能力分析

销售环节	采购环节
应收票据	应付票据
应收账款	应付账款
预收账款	预付账款

公司竞争优势的体现＝应收票据＋应收账款＋预收账款＞应付票据＋应付账款＋预付账款。

3. 主要资产项目规模变化的含义

如果我们将企业连续几年的资产负债表拿出来分析，可能会对企业资产的整体变化有一个更加深入的了解，能够更准确地理解公司资产规模和资产质量。这就是我们前面讲到的历史性看待问题的方法。但是，作为普通投资者，不可能对所有项目都进行专业化研究，我们主张抓住问题的核心。下面的内容仅作为浏览和参考资料，供大家阅读资产负债表时备查使用，不用投入主要精力进行研判。

主要资产项目规模变化的含义，对于投资者理解报表的变化有一定辅助作用（见表2-6）。

表2-6 主要资产项目规模变化的含义

项目	增加的含义的可能性分析	减少的含义的可能性分析
货币资金	因近期偿还债务需要增加； 不当筹资行为发生； 采用银行承兑汇票结算导致保证金存款增加； 企业分公司需周转资金； 企业在投资方面没有作为； 引起不必要的利息支出； 形成对外投资的机会成本。	企业严格控制货币资金存量； 企业对经营活动产生现金流量的能力有信心； 企业对筹资环境有信心； 经营活动难以产生现金净流入量； 现金流趋于枯竭。
交易性金融资产	企业近期有较充裕的现金存量并希望通过短期投资来实现更大的价值； 持有的债券投资、股票投资、基金投资、权证投资等金融资产市值增加。	正常交易波动的结果； 企业现金趋于紧张，需要套现； 将持有的交易性金融资产处置。
应收票据	企业业务发展迅速、对新扩张的业务采用商业汇票结算以保证回款质量。	企业对交易对象的财务质量有信心； 企业业务萎缩； 行业竞争加剧，企业被迫放宽信用政策； 企业对应收票据进行贴现。
应收账款	企业发展迅速； 回款质量不高导致长期难以回收； 迫于竞争压力、以拓展市场为目的而主动放宽信用政策； 通过对核算项目"注水"而虚增营业收入。	企业回款质量较高； 紧缩信用政策以提高资产质量； 会计计提过高的减值准备； 企业业务萎缩。
其他应收款	被母公司、兄弟公司无效占用； 被子公司占用，效益间接表现为投资收益； 出资人抽逃注册资本； 企业业务发展规模扩张较快。	企业对本项占用控制严格； 企业业务萎缩。

续表

项目	增加的含义的可能性分析	减少的含义的可能性分析
存货	企业市场需求迅猛，存货正常增加；产品结构发生显著变化，企业经营策略有所调整；产品生命周期走到尽头；企业错误的生产决策导致存货积压；企业采用不正当的费用分摊办法，故意调高期末存货价值，减少产品成本，操纵毛利率等。	企业回款质量较高；会计计提过高的减值准备；紧缩信用政策以提高资产质量；企业业务萎缩。
可供出售金融资产	以公允值计量的股票投资、债权投资自身的公允值在增加；企业投资战略和盈利模式进行主动调整（购买）。	股票投资、债权投资自身的公允价值在减少；企业投资战略和盈利模式进行主动调整（出售）。
持有到期投资	企业改变盈利模式，相关投资增长。	企业对持有的相关投资进行处置；企业持有投资质量下降，计提了减值准备。
固定资产	企业扩大再生产；企业进行产品结构调整，实施产品多样化竞争和发展策略；企业错误决策，增加了市场根本消化不掉的生产能力。	企业进行产品结构调整；企业整体经营规模萎缩。
无形资产	企业占有的土地范围扩大；外购无形资产增加。	质量下降，企业处置有关无形资产；企业计提了减值准备。

4. 上市公司不良资产高危区

（1）其他应收款。其他应收款是公司财务作假频发地带。其他应收款即为"其他"，即非购销活动产生的应收债权，就应该不属于企业主要的债权项目，数额及所占的比例不应过大。巨额其他应收款，一定是给关联方提供利益。其他应收款一般的主要构成应该分为三部分：①正常部分，比例应该小于资产的 1%。②被子公司占用部分（其质量取决于子公司业绩）。③被母公司和兄弟公司占用（合并报表中的巨额部分）。

如果其数额过高，即为不正常现象，容易产生一些不明原因的占用。为此，要借助报表附注仔细分析其具体构成项目的内容和发生的时间，特别是金额较大、时间较长、来自关联方的其他应收款。要警惕企业利用该项目分时利润、大股东抽逃或无偿占用资金及转移销售收入偷逃税款等行为。在这些情况下，"其他应收款"的主要内容就成了无直接效益的资源占用，无论从盈利性还是从变现性及周期来看，其资产质量均较低。因此，该项目中潜伏着危机。

例一：2001年中期报表显示，海南航空其他应收款高达21亿元，比去年同期增长11.96亿元，其中关联方欠款就有12.67亿元。究其来源，公司在2000年底其他应收款已增至23亿元，主要为应收关联公司款项和租赁飞机的押金和保证金。其中，大股东海航控股（集团）有限公司的欠款高达9.76亿元，几乎占其他应收款的一半份额。高额欠款给公司带来的影响也是显而易见的：2001年中期海南航空的财务费用为1.95亿元，比去年同期的1.02亿元增长了90.81%，增幅高居两市的上市公司榜首。说明大额的其他应收款是以公司增加有息负债为代价的，这不但恶化了公司的财务状况和资本结构，同时也带来巨额的财务费用，形成业绩的重大利空。海南航空的大盘走势见图2-9。

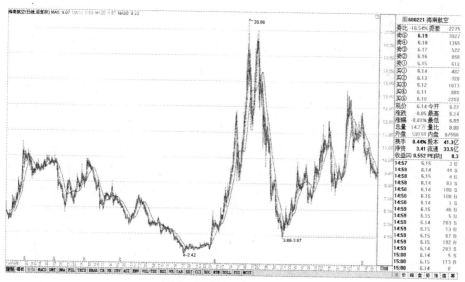

图2-9 海南航空大盘走势

例二：2010年岁末，齐鲁银行伪造金融票证案撼动了资本市场。2011年1月13日，中国重汽正式通过深交所发布公告称，而受累于子公司济南桥箱在齐鲁银行的人民币5亿元存款，与伪造金融票证案有关联。中国重汽成为首家浮出水面的齐鲁银行金融票据诈骗案受害方。

通过中国重汽的资产负债简单列示，我们可以看出，其他应收款这一项自 2010 年年末至 2011 年中报这段时间，出现了急剧的增长，大大超过了正常的比例，这有可能就是不良资产。关键取决于中国重汽能否完全收回这 5 亿存款。中国重汽的资产与负债见表 2-7，大盘走势见图 2-10。

表 2-7　中国重汽的资产与负债

财务指标（单位）	2011-06-30	2010-12-31	2009-12-31	2008-12-31
资产总额（万元）	2401766.16	1970456.84	1606281.52	1179393.91
负债总额（万元）	1965132.08	1570660.06	1289932.47	887851.74
流动负债（万元）	1768303.10	1507359.42	1119766.97	879327.66
长期负债（万元）	—	—	—	—
货币资金（万元）	269211.71	383026.60	683832.81	434766.81
应收账款（万元）	234818.97	163763.83	127321.42	68026.96
其他应收款（万元）	54510.51	43330.15	4193.93	2164.01
坏账准备（万元）	—	—	—	—
股东权益（万元）	368444.35	348646.03	285571.36	249073.04
资产负债率（%）	81.8200	79.7100	80.3000	75.2803
股东权益比率（%）	15.3400	17.6900	17.7700	21.1187
流动比率	1.1809	1.1043	1.1990	1.0904
速动比率	0.7483	0.6106	0.9335	0.8031

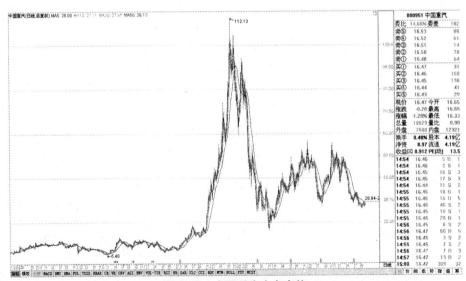

图 2-10　中国重汽大盘走势

案例三：美尔雅其他应收款的变化情况（数据截至2005年末）。

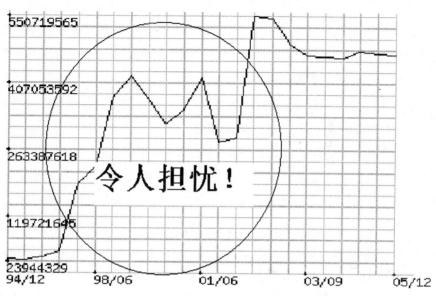

图2-11　美尔雅其他应收款变化

从图2-11可以看出，美尔雅在2002年以前的"其他应收款"增长迅猛，这是公司的一个令人难以琢磨的风险区域，不免令股东生疑这是否有利益输送？2002年以后，这个项目得到了有效控制，情况有所好转。

（2）其他预付款。预付款是公司议价能力较低的表现，也就是公司的弱势体现。但是，对于上市公司来说，能够取得上市资格，本身也已经是优势竞争能力的表现了，为什么还有大量的其他预付款呢？其他预付款的意思，基本上等同于不明不白的预付款。如果其他预付款对应的公司业务并不是特别优质的业务，上市公司却积极地预付款，这不太合乎常理，继续推敲的结果就是，这里面可能有利益关联者特别是大股东进行利益输送。按照我们前面提到的利益换位思考法，如果要投资的项目或购买的资产盈利前景不明朗或持久不见效益，而上市公司却"热情不减"，则其中肯定有利益关联，涉嫌大股东直接占用、挤占和掏空公司资产。

2008年6月28日媒体曝光了江苏阳光"早产"的预付账款的事件，以

下为原文摘抄：

　　扣除 7.06 亿元的预付货款，江苏阳光 15.13 亿元的预付账款之中还有 8.07 亿元的预付工程及设备款。据江苏阳光称，这 8.07 亿元预付账款主要是新建纺纱织布车间及道路设施项目（以下简称"车间及道路设施项目"）预付 1.95 亿元，控股子公司江苏阳光后整理有限公司新建厂房及道路设施项目（以下简称"后整理项目"）预付 7000 万元，利用天然特种纤维开发生产高档精纺面料技术改造项目（以下简称"精纺技改项目"）预付 2.66 亿元等。

　　资料显示，江苏阳光所谓的"车间及道路设施项目"和"后整理项目"主要是进行厂房和道路设施的建设，总投资分别为 2.44 亿元和 8500 万元，其中道路设施方面的投资高达 1.17 亿元，尚不考虑一家毛纺企业是否有必要投入 1.17 亿元巨额资金进行道路设施建设，如此普通的项目提前预付分别占总投资额的 80% 和 82% 的款项首先令人质疑。更加令人质疑的是上述的这两个项目是经江苏阳光 2008 年 2 月 3 日召开的董事会审议通过的，但早在 2007 年 12 月 11 日，江苏阳光与这两个项目相关的预付款就已经分别高达 1.95 亿元和 7000 万元了，很显然这是两笔"早产"的预付款项。

　　除"车间及道路设施项目"和"后整理项目"外，江苏阳光的"精纺技改项目"总投资仅有 3.07 亿元，而公司却早早地预付了 2.66 亿元的款项，约占总投资的 86.5%，种种迹象表明，预付账款极有可能已经成为了江苏阳光资金流失的渠道。

　　类似于上述报道中江苏阳光的案例，在上市公司中并不鲜见。上市公司如果不想让股东和媒体误解，就要拿出实际的行动和证据来消除股东的疑虑。否则，拿着股东的钱却不能清楚地说明使用意图，每一个投资者都有权利来质疑和保护自己的资产不受侵犯。"其他预付款"已经成为一个大股东等关联方挤占公司资产的一条暗道。

　　（3）在建工程。在资产建设、租赁方面，在建工程也常常是一个说不清楚的科目。有些企业的"在建工程"都已经使用了几年了，还是挂在账上，不肯转变成固定资产。为什么呢？因为一旦转变成固定资产，就会被各种清查和审计非常容易地发现，而"在建工程"则可以大摇大摆地"在建"，中间就给大股东提供了做手脚的空间。在建工程如果数额较大，投资者一定要引起注意。

1997~2001年，丰乐种业虚构在建工程高达18666万元。丰乐种业的目的主要是通过"在建工程"转移募集资金炒股，以便虚增主营收益。这样的会计处理既虚构募集资金的使用情况，又不体现资金真实使用目的。丰乐种业截至2003年末净资产才仅仅4亿元，在建工程却高达18666万元，这显然是上市公司违规使用资金的"掩体"。

每当你看到上市公司巨额的"在建工程"，你要敏锐地反应到——他们究竟在建什么？通过对建设周期的跟踪和后续业绩的跟踪，你还是能够找到答案的。

第三节　利润表

利润表就是反映企业在一定会计期间内经营成果的报表。主要功能是揭示利润来源和成绩。如果说资产负债表是企业展示"体型"和"肌肉"的话，那么，利润表就是展示企业究竟"干了多少活"。

1. 利润表的结构和主要内容

利润表也分为合并报表和（母公司）报表。一般股票软件里F10公布的都是合并报表。利润表的结构和主要内容是：

（1）营业收入，由主营业务收入和其他业务收入组成。

（2）营业成本（主营业务成本、其他业务成本），营业税金及附加、销售费用、管理费用、财务费用、资产减值损失等。

（3）营业利润，营业收入减去营业成本（主营业务成本、其他业务成本）、营业税金及附加、销售费用、管理费用、财务费用、资产减值损失，加上公允价值变动收益、投资收益，即为营业利润。

（4）利润总额，营业利润加上营业外收入，减去营业外支出，即为利润总额。

（5）净利润，利润总额减去所得税费用，即为净利润。

（6）每股收益，普通股或潜在普通股已公开交易的企业，以及正处于公开发行普通股或潜在普通股过程中的企业，还应当在利润表中列示每股收益信息，包括基本每股收益和稀释每股收益两项指标。

投资者一定要注意报表的完整性，即包括所有上面列示的主要内容。具体的示例（万科 A 示例）见表 2-8。

表 2-8　万科 A 2010 年年度报告利润表示例

编制单位：万科企业股份有限公司　　　　单位：元　　　　币种：人民币

项目	2010 年	2009 年
一、营业总收入	50713851442.63	48881013143.49
二、营业总成本	39581842880.99	41122442525.36
其中：营业成本	30073495231.18	34514717705.00
营业税金及附加	5624108804.74	3602580351.82
销售费用	2079092848.94	1513716869.35
管理费用	1846369257.59	1441986772.29
财务费用	504227742.57	573680423.04
资产减值损失	−545451004.03	−524239596.14
加：公允价值变动（损失）/收益	−15054493.43	2435350.77
投资收益	777931240.02	924076829.10
其中：对联营企业和合营企业的投资收益	291703045.44	541860864.68
三、营业利润	11894885308.23	8685082798.00
加：营业外收入	71727162.82	70678786.74
减：营业外支出	25859892.03	138333776.65
其中：非流动资产处置损失	1211776.17	1577638.38
四、利润总额	11940752579.02	8617427808.09
减：所得税费用	3101142073.98	2187420269.40
五、净利润	8839610505.04	6430007538.69
归属于母公司所有者的净利润	7283127039.15	5329737727.00
少数股东损益	1556483465.89	1100269811.69
六、每股收益		
（一）基本每股收益	0.66	0.48
（二）稀释每股收益	0.66	0.48
七、其他综合收益	6577300.53	62370848.23

项目	2010 年	2009 年
八、综合收益总额	8846187805.57	6492378386.92
归属于母公司所有者的综合收益总额	7289704339.68	5392108575.23
归属于少数股东的综合收益总额	1556483465.89	1100269811.69

2. 营业收入与营业成本分析

从绝对数量上来看，收入增长速度一定要大于成本增长速度，才是良性发展的表现。否则，这个企业就会失灵，导致利润下滑，或为负数。比绝对数量对比更好的是，收入增长与费用增长的相对速度要不断提高。比如，收入增长 30%，成本仅增长 10%，那就说明企业在不断改进盈利空间，它们的经营是有效果的。我们分析收入增长与费用增长之间的关系，可以主要概括为四种情况：

（1）收入下滑，费用增长；

（2）收入下滑，费用同步下降；

（3）收入增长，费用增长，但收入增长更快；

（4）收入增长，费用降低。

在以上四种情况中，我们能够很直观地判断出企业的价值，后两种才是我们重点跟踪的对象。

收入不断增长是一个企业存在的根基，也是利润来源的火车头。收入一旦陷入滞胀或者衰减，企业价值就会大幅度降低，这往往意味着企业进入生命周期的尽头。投资者不要在这个问题上有半点迟疑。当然，有时候经济不景气，企业的收入增加会非常困难，这个我们都知道，但是，即使是这样，我们也希望企业呈现出收入增长的态势，只是速度可能适度降低，至少不能出现明显下滑。企业的价值，有时候在经济不景气的时候才能体现出来。随着经济周期而出现业绩大幅波动的企业，都不是我们的理想投资对象。

长期来看，成本的增长是必然趋势，但优秀的管理层能够有效控制成本增加的速度。成本增长有两种可能，一是物价和成本因素增长，这是社会普遍的增长，但可以有效转嫁。二是管理不当或者管理层侵占公司利益，常见的就是各种费用增长过快。有时成本稳中有降，主要是基于企业短期规模扩大，技术改进，从而降低了单位成本，但这种趋势不会太持久。

检查公司费用控制的原则：抓大放小。

马克思主义哲学教导我们，矛盾分主要矛盾和次要矛盾，主要矛盾是核心和关键，一定要抓住主要矛盾。一个家庭的破产绝对不会因为多买了 2 斤盐，肯定是过度大额消费和透支消费造成的。公司也是一样。

只把最大的数字提炼出来，进行简单分析，就能知道公司是否存在重大问题。投资者在阅读公司利润表的时候，把一些占比例较小的费用（比如小于总费用 1%）可以一眼扫过，而把目光盯紧那些数额较大的项目，这里才是费用出问题的地方。即使是没有专业财务经验的人，也能够一眼看出阿拉伯数字的大小。比如，我们对管理费用超过公司利润是非常不满的，如果这种情况不能够得到改善，显然是管理层在"折腾"股东的财富。

而对于那些繁琐的小费用，不要过于计较，适当透风比较好，因为这主要是针对人的费用。比如报销标准，一个非常能干的销售骨干要出差，本来能坐经济舱，你给他报个头等舱，他可能会感觉受到重视，加倍努力。对小账算得太狠的人，心胸狭窄，多半没有大出息。小事不计较，大事不放过，是人生的哲学和智慧。典型的例子就是王石。创业时，他把利益都让给了别人，自己只要控制权。而结果是，王石笑到了最后。

收入的增长快于成本的增长，企业的利润空间才能够得到保障。这就是企业的价值，是所有优秀企业的共同特点。具体的例子见表 2-9。

遵循公式"利润 = 收入 - 成本"，我们其实还可以轻松推断出以下结论：

（1）公司收入不断增长，而利润也保持了更快的持续增长速度，则公司的发展是比较良性，企业仍然具备成长的潜力；

（2）公司收入的增长趋于放缓、停滞或下降，公司利润还在增长，则公司的业绩拐点或许就要降临，公司的成长性会受到严重制约；

（3）公司收入实现了增长，但利润却下滑，肯定是成本增长太快，费用控制失灵；

（4）公司一旦出现收入和利润双下滑，企业将会完全失去长期投资的价值。

表2-9 新北洋利润表（2011年第三季度报表）

财务指标（单位）	2011-09-30	2010-12-31	2009-12-31	2008-12-31
主营业务收入（万元）	43572.82	48304.51	31490.83	27757.91
主营业务利润（万元）	—	—	—	—
经营费用（万元）	4290.20	4649.12	2959.91	2864.95
管理费用（万元）	9422.67	9600.50	5931.56	4828.87
财务费用（万元）	-764.83	-511.73	661.93	678.23
三项费用增长率（%）	37.43	43.80	14.11	44.85
营业利润（万元）	7632.37	9446.53	7062.86	4524.10
投资收益（万元）	1554.52	1488.60	1345.77	1196.50
补贴收入（万元）	—	—	—	—
营业外收支净额（万元）	2259.66	2756.97	2424.51	2099.88
利润总额（万元）	9892.03	12203.50	9487.37	6623.97
所得税（万元）	930.58	792.13	876.98	563.52
净利润（万元）	9020.19	11149.29	8558.76	6036.20
销售毛利率（%）	45.40	46.24	49.64	43.38
主营业务利润率（%）	17.51	19.55	22.42	—
净资产收益率（%）	7.57	9.73	32.37	29.88

在以上四种情况中，只有情况（1）具备企业增长的潜力，后三种情况都是企业价值降低的征兆。当然，企业价值具备潜力并不是说就可以直接买入，要买入股票还要看估值和参考其他因素，本书会在后续章节中逐步深入地给大家讲解。

以上四种结论，有助于投资者在阅读F10资料的简表时，快速地对企业进行直观的判断。

3. 利润质量分析

利润的质量，实际上就是对利润的稳定性和持续性的保障。我们在前面的内容讲过利润数量增长的根源，即收入的增速要高于成本的增速。现在，我们探求的是这种增长是否能够持续和稳定。

还是回到这个公式：利润＝收入－成本。前面我们讲过，成本总体上是上升的，这个趋势是客观规律，无法逆转，那么，利润的保障就主要来自收入了。现在我们对利润质量的分析，也就是利润的稳定性和持续性保障的分析,重点就落在了收入如何得到保障。

从财务报表的角度而言,利润表能够给我们提示的是收入的构成。我们就从收入的构成出发,讲述收入的增长如何得到保障。

收入的构成,其实非常简单,主要包括三部分:主营业务收入、投资收入和其他业务收入。

从收入来源的稳定性和持续性来说,最可靠的是主营业务收入。老本行,干起来驾轻就熟,资源和人才配置相对充分,自然也就比较稳定。企业在主营业务上可以不断挖掘潜力,找到新的收入增长亮点。

投资性收入,我们前面讲过要区别看待对业内子公司投资还是其他跨行业甚至是证券投资。对于企业来说,最好立足本行投资,不要拈花惹草。目前部分上市公司由于相互之间的交叉持股,导致在牛市的时候,年报收益里都包含一部分投资收益,这部分收益能够刺激那些门外汉不断地去购买这些公司的股票,从而推高股价。然而一旦遭遇熊市,这部分收益就化为泡影,公司业绩也会直线下降,这个时候对人的心理造成剧烈的冲击,公司的股价也会一落千丈。所以,投资性收入带有相当的偶然性和不确定性。从价值投资的角度讲,缺乏保障的偶然性和不确定性,应该力求回避,不打无胜算之仗。

其他业务收入,也就是不务正业的收入,往往都是一次性收入。这个更不靠谱。中国有个著名的成语——守株待兔。说一个农夫有一天在农忙时,发现一只兔子撞在树桩上死了,农夫捡了便宜,之后就不再务农,天天坐在树桩边等着其他兔子来撞。结果,兔子再也没有来,自己的庄稼也荒了。现在很多人买彩票,就属于这种情况。其他业务收入,对企业来说,有也可以接受,没有更好,就不需老惦记这些小便宜,荒了主业。比如,公司处理固定资产所得的收益、公司搬迁的补偿收入、折价回购自己的债券收入等就属于其他业务收入。

我们分析企业的利润质量,主要就是看企业的收入结构中主营业务收入、投资收入和其他业务收入分别在总收入中占据的比重。最好的结构是,主营业务收入占据绝对的主导地位,也就是企业的收入主要是基于主营业务收入。如果投资收入和其他业务收入过高，那么，你要警惕，很有可能企业下个报告期的业绩就会出现大幅滑坡。恒瑞医药的2011年第三季度报表见表2-10，大盘走势见图2-12。

表2-10 恒瑞医药：投资收益和营业外收入仅占极少比例（2011年第三季度报表）

财务指标（单位）	2011-09-30	2010-12-31	2009-12-31	2008-12-31
主营业务收入（万元）	331921.56	374410.63	302896.09	239256.12
主营业务利润（万元）	—	—	—	—
经营费用（万元）	133431.03	160467.89	134550.48	96543.60
管理费用（万元）	52575.16	62139.22	43572.31	34196.60
财务费用（万元）	−632.01	−1095.38	−834.08	466.81
三项费用增长率（%）	14.44	24.94	35.12	6.61
营业利润（万元）	83818.99	84521.48	77171.91	44970.62
投资收益（万元）	434.40	96.92	−1054.85	2176.39
补贴收入（万元）	—	—	—	—
营业外收支净额（万元）	627.48	1499.26	896.67	2031.39
利润总额（万元）	84446.47	86020.75	78068.58	47002.01
所得税（万元）	13107.41	10477.17	8738.56	3442.59
净利润（万元）	67169.47	72417.33	66573.09	42294.71
销售毛利率（%）	82.96	83.82	82.70	83.25
主营业务利润率（%）	25.25	22.57	25.47	—
净资产收益率（%）	16.73	21.38	25.53	21.21

图2-12 恒瑞医药大盘走势

扎扎实实深耕主业，长期坚持就会创造辉煌。安琪酵母深挖酵母产业，多年经营成为亚洲第一。安琪酵母大盘走势见图 2-13。

图 2-13　安琪酵母大盘走势

民生投资 2009 年三季报显示，公司实现营业收入 4.52 亿元，同比下降 4.43%；营业利润 7960 万元，去年同期为亏损 1036 万元；归属母公司的净利润为 6207 万元，去年同期为亏损 2033 万元；每股收益为 0.12 元。

投资收益和营业外收入带动营业利润大增长。公司投资收益为 5035 万元，主要是公司持有的股票和基金价格上涨所致；营业外收入为 922 万元，不考虑上述因素的影响，利润总额为 2922 万元，同比增长 446%；公司扣除非经常性损益后的净利润率仍为 -0.04%，显示公司的主营业务仍处于亏损状态。民生投资的大盘走势见图 2-14。

两面针（600249）2007 年初被宣布立案调查，媒体关注的是价值 20 亿元的 4000 万股中信证券低价转让问题。从两面针的财务报表可以看出，该公司 2004 年发行新股募集到巨额资金后基本上都投入股市了，它的主业牙膏根本是亏损的。可是歪打正着，如今这些投资给公司带来了巨额收益。实际上，楼市、股市的暴利可能诱使上市公司大量资金违规入市，但炒楼、炒

图2-14 民生投资大盘走势

股都要经过法定程序，并且因为其投机性，一般将其列为非经常性损益。但一些公司为了掩饰其"不务正业"的投资行为，同时也为了粉饰其主业收益，效仿东方电子进行真金白银的作假，将炒楼炒股收益伪装成主营收益。不少上市公司主业俨然成为房地产开发甚至是证券经营了，这类上市公司的股票现在都是牛气冲天，更有一些公司趁牛市偷偷摸摸将占用的上市公司资金归还了。两面针不务正业，粉饰业绩，它的大盘走势见图2-15。

在炒股、炒楼暴利的掩盖下，投资者可能会误判上市公司真实的盈利能力和发展前景。我们提醒价值投资者，特别关注上市公司的盈利质量。盈利质量是对企业价值的保障，更是对投资价值的保障。

4. 盈利能力与资源的关系

借助于利润表和资产负债表两张报表的结合分析，我们能够通过对企业整体资产盈利能力的分析，进一步了解企业总体的运行效率和盈利能力。对于企业资产盈利能力，我们用一个简单的公式来表达：资产盈利能力=总利润÷总资产。

由于是总利润和总资产的对比，那么，计算出来的结果带有企业宏观性

图 2-15　两面针大盘走势

质的把握。我们常常会遇到以下三种情况：

（1）某公司经营资产 41 亿元，产生了 1 亿元的利润。而投资 14 亿元，却产生了 5 亿元利润。说明公司的投资对业绩的贡献较大。如果这种情况能够持续，那么，投资就需要继续扩大。

（2）产能提高与效益提高赛跑，结果能说明企业正处于上升或下降状态。如果企业实际资产（产能）增加 1 倍，而收益增加了 3 倍，那么，说明产能扩张有利于公司的竞争力提升，企业处于健康扩张状态；而如果企业实际资产（产能）增加了 3 倍，收益却只增加了 1 倍，说明可能这个行业存在产能过剩的情况，效益在走下坡路。企业可能已经处于衰退之中。

（3）业绩大变脸。企业的净利润增长率连年保持增长，但有时会突然减速或降低。事实上，企业利润增长率的高速增长，可能仅仅是建立在基数比较低的基础之上。

以上三种情况，都可以用我们的公式轻而易举地发现企业的整体资产的盈利能力。

第一种情况，我们以青岛海尔为例。青岛海尔的投资实际上也是主营业务性质的投资，这种外延式扩张也是一种企业成长的形式，因为它具备持续性。从整体资产的盈利能力来看，其整体表现还是不错的。青岛海尔利润表见表2-11。

表2-11　青岛海尔利润表（2011年三季报）

财务指标（单位）	2011-09-30	2010-12-31	2009-12-31	2008-12-31
主营业务收入（万元）	5683197.62	6058824.81	4469200.35	3040803.93
主营业务利润（万元）	—	—	—	—
经营费用（万元）	749337.89	781546.12	714157.54	407459.42
管理费用（万元）	291675.04	341666.44	296422.52	169118.65
财务费用（万元）	13377.58	665.83	1616.34	10365.53
三项费用增长率（%）	14.56	11.03	72.45	23.88
营业利润（万元）	336174.67	298654.46	225824.12	116673.06
投资收益（万元）	31921.30	26366.60	17153.23	15105.84
补贴收入（万元）	—	—	—	—
营业外收支净额（万元）	20139.98	72576.19	13341.05	-2960.39
利润总额（万元）	356314.65	371230.65	239165.18	113712.67
所得税（万元）	61096.11	88802.23	51291.92	15842.82
净利润（万元）	225580.45	203459.47	138345.63	76817.81
销售毛利率（%）	24.43	23.38	27.73	23.13
主营业务利润率（%）	5.91	4.92	5.05	—
净资产收益率（%）	28.08	28.98	17.78	11.34

第二种情况，常常出现在一些迅速发展，而又迅速饱和的行业中的企业，我们以汉王科技为例。近年来，我们的水泥建材、风电、LED产业、电纸书和多晶硅产业都出现过这种情况。如果这种企业用资产盈利能力来测量，你就会发现他们的资产盈利能力是下降的。

表2-12　汉王科技利润表（2011年三季报）

财务指标（单位）	2011-09-30	2010-12-31	2009-12-31	2008-12-31
主营业务收入（万元）	39827.01	123703.45	58156.89	22842.90
主营业务利润（万元）	—	—	—	—
经营费用（万元）	19743.46	30315.34	15925.33	5831.98
管理费用（万元）	14382.09	15536.22	7534.92	4973.68
财务费用（万元）	-220.59	-724.35	825.90	842.80

续表

财务指标（单位）	2011-09-30	2010-12-31	2009-12-31	2008-12-31
三项费用增长率（%）	7.20	85.81	108.49	-6.36
营业利润（万元）	-29213.69	2955.68	4241.27	1458.69
投资收益（万元）	—	—	—	—
补贴收入（万元）	—	—	—	—
营业外收支净额（万元）	1604.08	5821.26	5084.27	1751.34
利润总额（万元）	-27609.60	8776.95	9325.53	3210.03
所得税（万元）	197.18	-4.56	797.39	198.05
净利润（万元）	-27777.28	8790.16	8560.04	2992.70
销售毛利率（%）	22.47	40.11	50.67	59.22
主营业务利润率（%）	-73.35	2.38	—	—
净资产收益率（%）	-24.35	6.20	34.77	18.80

第三种情况，经常出现在一些刚刚上市的和扭亏为盈的企业中。他们开始以极低的基数来比较业绩，然后第二年增长 50%，第三年增长 80%，第四年增长 100%，这样，那些思维很单纯的投资者就会联想 150% 或者更高的增长了。殊不知，由于基数已经变大，企业已经没有能力再维持这样的神话了。这种情况下，其实用资产盈利能力来测算就很简单了：第一年盈利基数太低，甚至连资产的 0.5% 都达不到，这与行业常规企业资产盈利能力差距太大，明显是效率严重不足，第二年、第三年、第四年都是以比较低的基数来实现增长率提高，而不是真正实现行业应有的资产盈利能力。作假和粉饰终将见于阳光之下。创业板中不乏这样的公司。

通过历史数据比较，我们就能够直观地判断企业整体资产的运营质量和盈利能力的趋势。而且这个指标还有另外一个优点，无论什么行业的股票，都可以用这个指标来进行比较，实现跨行业对比，进而能够选出更加优秀的企业。不管哪个行业，只要是好企业，我们就喜欢。

5. 业绩操控的识别思路

坊间曾经流传，某年，中国足球的某些国家队运动员都胡子拉碴了，还将自己的年龄"降低"到"少年"，参加了中国与巴西的"少年队"足球比赛，赢了巴西。因为少年队以后就是国足的未来主力，事后媒体一致评论，中国足球未来有希望了。可是过了若干年，下一代球迷仍然没有看到中国足球的希望。这样可以装嫩出来的"潜力"，一定会让球迷失望。同样，这样造假出来的上市公司业绩，也同样让股东失望。

我们只有了解企业真实的业绩情况，才能够对企业的价值做出正确的判断，进而通过合理估值计算出股票的价值。我们怎样才能够识别一些意图较为明显的作假呢？

第一，我们要清楚上市公司业绩作假的动机是什么？

我们前面讲过利益换位思考法，这里就能够很好地应用了。上市公司作假肯定是为了利益！否则，有谁傻到冒着法律和道德的风险去作假？上市公司为了什么利益？上市公司可以通过业绩操纵进而影响股价，操纵股价的利益比较明显的有三点：一是把业绩操纵到高潮的时候，迅速公布增发方案，通过再融资圈钱。而一旦完成融资，业绩便打回原形。二是股权分置改革以后，原来的法人股等非流通股和限制流通股都得以解禁流通，操纵业绩抬高股价是为了以高价格将手中的股票兑现。三是业绩操纵不仅仅是让业绩"增加"，也可能让业绩"降低"。业绩操纵让业绩"降低"，首先出台利空消息，可以打压股价；其次，大股东为了"增强市场信心"大肆廉价增持；最后，就是将业绩"抬高"，使股价上涨，大股东会在高位"精准减持"，还要使出障眼法说减持不是看空企业，而是为了其他目的使用资金。这三种情况，受伤的都是不知情的中小投资者。

第二，我们用什么样的思路来解决对业绩操纵的识别呢？

我们再来看看这个简单而神奇的公式：利润=收入-成本。你觉得如果要改变利润，你会怎么做？思路无非就是三种：一是改变收入；二是改变成本；三是两者都改变。实际上，归根结底是前两种。仅从公式我们就能一眼看出，收入调节的空间是最大的，成本调节也有空间只是不可能过大。

改变利润的第一种方法：操控收入。

从以往中国证监会查处的上市公司财务造假案例来看，中国上市公司目前收入操纵主要陷阱仍然是虚构收入，这是第一大思路。收入操纵的方式常见的主要有：销售合同没有履行就提前确认收入，变换收入性质，歪曲收入名目，扩大收入规模，虚构经营收入，与关联者串通相互抬高收入，隐瞒关联收入，推迟确认收入，等等。收入操纵对上市公司业绩的影响是最大的，因为它的调节空间大，所以也就更广泛地被使用。

为了能够识别这些操纵收入的陷阱，我们可以通过以下方法进行排查：

（1）抓大放小。要通过连续三年（或以上）的利润表对比，重点关注收入变化幅度最大的几个主要项目。并仔细研读公司报表，对这些项目进行深入追踪，排查其真正来源和可靠性。比如报表声称，收入增长主要是产品结构调整，毛利率提高所致。那你就要查查究竟是什么产品这么畅销？如果没有，这种说法就值得怀疑。

（2）关注购买方的成立时间、付款能力、交易频次和与公司的深入关系。如果你在报表上发现有一笔1亿元的收入，这笔收入还占据总收入的很大比例，则你要查查这家企业的情况，它是什么时候成立的——是否就是在这笔大业务发生的前不久才成立？它的注册资金是多少——如果注册资金仅仅为100万元，怎么能与公司做1亿元的大生意？它与公司的交易频次是多少——如果仅交易了两次就不再产生业务关联，这么好的生意为什么突然就终止？最后还要问，这家公司与本企业的深入关系是否与本公司的股东、高层管理人员有关联？

（3）关注公司缴纳税金的变化情况。企业的税金与收入的比例应该是相对稳定的。也就是说，如果企业收入增加或减少，企业的税金比例也大致是同比例增加或减少，至少不会变化太大。这样，我们就可以推断：如果公司连续几年收入没有增长而税金却增长迅速，这说明企业可能前期偷逃了税款而后来追补，这种情况常见于新股，上市前偷逃税款，上市后再拿中小股东的钱去补交；如果公司连续几年税金没有增长，而收入却突然迅速增长，这种增长的真实性应该值得怀疑。当然，税金的变化也有补贴或减免等优惠政策的影响，但长期来看，公司税金与收入的比例是稳定的，不可能太低。当你发现企业的利润总额上亿元，而所得税费用仅有几百万元时，就该引起你怀疑，他们的税率为什么这么低？

谈改变利润的第二种方法：操控成本。

在会计实务中，成本操纵应该更常见。成本操纵相对容易，而且被监管部门发现概率比较小。但成本的变化幅度太大，也容易违反常规而被察觉，所以其操控的空间较小。这种形式的操控更多的是为了"小金库"，完成暗道利益输送。我们在资产负债表的章节中讲过一些高危区，揭示了一些常见的利益输送的渠道，请大家再作回顾。

你不需要成为财务专家，但要有清楚解决问题的思路和常识。剩下的专业知识问题，随时可以请教专业财务人员，而这个代价可能仅仅是一包香烟或者一个苹果——这也算是有价值的一笔投资。

第四节　现金流量表

第二次世界大战中，盟军的一名将军在河流中发现了德军丢弃的大量空油桶，敏锐地感觉到德军已经在走下坡路了。油桶是用来盛油的工具，油桶都丢了，说明德军已经严重缺油，德军的坦克、装甲车等重型武器已经成了一堆废铁，失去了战斗力。他由此组织了更为积极的和有针对性的进攻和追击，最终战胜了强大的德军精锐。正是发现了德军"血液循环系统"的问题，帮助这名将军作出了正确的战略决策。

现金流量表是反映企业在经营中现金流入和流出总体情况的报表。这就相当于企业的"血液循环系统"。我们中医中的望闻问切中的"切"，就是把脉人体的血液循环系统，从而对人体各种症状作出判断。现金流量是企业实际经营活动的保障，我们通过现金流量表就可以判断企业的实质性的经营活动效率，深入判断企业的盈利质量。

一、现金流量表的结构

在现金流量表中，将现金流量分为三大类：经营活动现金流量、投资活

表 2-13　贵州茅台现金流量表（2011 年第三季度报表）

财务指标（单位）	2011-09-30	2010-12-31	2009-12-31	2008-12-31
销售商品收到的现金（万元）	1802362.97	1493858.19	1175624.38	1127523.07
经营活动现金净流量（万元）	902693.80	620147.65	422393.71	524748.85
投资活动的现金净流量（万元）	-119757.11	-176338.96	-133952.11	-99256.27
筹资活动的现金净流量（万元）	-242943.45	-129284.52	-123498.57	-88391.03

动现金流量和筹资活动现金流量。

经营活动：是指直接进行产品生产、商品销售或劳务提供的活动，它们是企业取得净收益的主要交易和事项。

投资活动：是指长期资产的购建和不包括现金等价物范围内的投资及其处置活动。

筹资活动：是指导致企业资本及债务规模和构成发生变化的活动。

在以上分类的基础上，每大类活动的现金流量又分为现金流入量和现金流出量两类，即经营活动现金流入、经营活动现金流出、投资活动现金流入、投资活动现金流出、筹资活动现金流入、筹资活动现金流出。

在每一大类的最后，现金流量表上都有一项现金净流量，现金净流量=现金流入量-现金流出量。我们在主要的分析中，最常用的是现金净流量，因为净流量更能证明企业经营的结果。

现金流量表能够告诉我们，企业的现金究竟来自哪里，又要流向哪里。通过对各项现金流在总体现金流中的比重，我们可以清楚地判读出企业的经营重心。

现金流的分布应该围绕企业的主营业务展开，即经营活动产生的现金流入和流出在整个资金流转中占比例是最大的，这才是正常发展的企业。如果企业的现金流出都是在一些不具备盈利基础的项目或者不务正业的项目上，而流入也来自一些说不清道不明的项目上，说明这个企业已经失去控制了。

二、现金流量表分析

现金流量表反映的是企业现金流入流出的总情况，以收付实现制为编制基础，能够更准确地反映企业的各项经营成果。从股东的角度来讲，现金流量表最主要的作用是：分析企业的成长性；对企业收益的质量作出评价；对偿债能力作出评价。

（一）分析企业的成长性

1. 企业生命周期图谱

我们把企业的生命周期分为初创期、成长期（高速发展期）、成熟期和衰退期四个时期。我们可以分析企业在这四个时期的不同的现金净流量结构的表现，从而作出相应的投资决策，防范投资风险。如表 2-14 所示。

表 2-14　企业生命周期中的不同时期的现金净流量结构的表现

周期	初创期	成长期（高速发展）	成熟期	衰退期
发展特点（注："+"表示正数；"-"表示负数）	经营活动产生的现金净流量-；投资活动产生的现金净流量-；筹资活动产生的现金净流量+。	经营活动产生的现金净流量+；投资活动产生的现金净流量-；筹资活动产生的现金净流量+。	经营活动产生的现金净流量+；投资活动产生的现金净流量+；筹资活动产生的现金净流量-。	经营活动产生的现金净流量-；投资活动产生的现金净流量+；筹资活动产生的现金净流量-。
周期说明	该企业处于产品初创期。在这个阶段企业需要投入大量资金，形成生产能力，开拓市场，其资金来源只有靠举债、融资等筹资活动。	企业处于高速发展期。这时产品迅速占领市场，销售呈现快速上升趋势，表现为经营活动中大量货币资金回笼，同时为了继续扩大市场份额，企业仍需要大量追加投资，而仅靠经营活动现金流量净额可能无法满足所需投资，必须筹集必要的外部资金作为补充。	企业进入产品成熟期。在这个阶段产品销售市场稳定，已进入投资回收期，但很多外部资金需要偿还，以保持企业良好的资信程度。	企业处于衰退期。这个时期的特征是：市场萎缩，产品销售的市场占有率下降，经营活动现金流入小于流出，同时企业为了应付债务不得不大规模收回投资以弥补现金的不足。

如表 2-14 所示，现金流量表可以为我们分析企业周期提供有力帮助。在这四个周期中，成长期和成熟期的企业较适合投资，而初创期和衰退期的

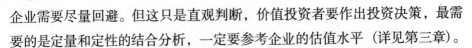

企业需要尽量回避。但这只是直观判断，价值投资者要作出投资决策，最需要的是定量和定性的结合分析，一定要参考企业的估值水平（详见第三章）。

2. 对经营活动产生的现金流量的深入分析

（1）在经营活动形成的现金总流量（现金流量表上的项目是"经营活动现金流入小计"）中，销售商品、提供劳务收到的现金（一般在现金流量表中第一项）所占比重越大越好。商品、劳务收到的现金越多，说明企业主营业务突出，产品结构合理，销售顺畅，盈利能力强。反之，企业就可能面临各种危机。

（2）将本期经营活动现金净流量与历史同期进行比较，增长率越高，说明企业成长性越好。建议投资者将三年或以上时期的报表进行连贯分析，得出经营活动现金流发展的趋势，这样可靠性更好。

某企业经营活动现金净流量历史比较如表 2-15。

表 2-15 某企业经营活动现金净流量历史比较

财务指标（单位）	2011-09-30	2010-12-31	2009-12-31	2008-12-31
经营活动现金净流量（万元）	45995.43	73215.70	59584.45	40108.17

通过上面的介绍，您应该能够通过现金流量表大致判断一个企业的成长性。这个思路完全可以用在对现实中各种商业行为的成长性判断。

（二）对企业收益的质量作出评价

价值投资者追求有保障的收益。我们在前面的利润表中，可以看到企业的经营成果，但那些成果都是账面的。股东们都希望有实在点的"安慰"。真正具备盈利能力的优秀企业，其利润不仅体现在账面上，更加体现在现金流量上。账上有利，手中有钱。这就是我们所说的账实相符。有利润没有钱，就是业绩操纵，画饼充饥。我们通过利润表和现金流量表的对比，就能够很清楚地判读企业盈利的真实性。只有以现金为保障的收益才是实在的收益。有钱，股东才能保持心情愉快。

投资者大可不必担心自己的财务知识不够，要看企业究竟有没有现金保障,你只需要三组数字比大小就可以轻松搞定(前面讲到的化繁为简的思路,一定会深入贯彻下去,这是投资的常识和智慧)。

1. 销售商品、提供劳务收到的现金≥主营业务收入

"销售商品、提供劳务收到的现金"可以在现金流量表中查找到。"主营业务收入"可以在利润表中查找到。

"主营业务收入"就是所从事的老本行究竟卖商品或者劳务赚了多少钱,这是没有扣除费用的情况下的经营总收入。"销售商品收到的现金"就是账上收到的货款或劳务款,就是落到兜里的钱。市场上有句俗话,落到兜里的钱才是自己的钱,很有道理。只有兜里有钱了才能说真正赚了钱。所以,销售商品收到的现金≥主营业务收入才是正常的和健康的企业表现。否则,就有水分。假设我发出去了1亿元的货,按照常规毛利率,我应该赚0.3亿元。可是,你钱还没有收回来,怎么能说赚了呢?笔者也做过生意,深刻地了解到现在的欠账现象非常普遍,涉及的行业也很多。如果哪天你的客户卷款潜逃,人间蒸发,你说自己赚了0.3亿元,不就是提前说了大谎话吗?一般比较有实力的公司,都是先收钱才发货,比如五粮液。公司的整体实力较强,从而提高了其自身的议价能力。也就是,销售商品收到的现金一般都大于主营业务收入。具体实例见表2-16。

表2-16 五粮液2011年第三季度报表数据

财务指标(单位)	2011-09-30	2010-12-31	2009-12-31	2008-12-31
销售商品收到的现金(万元)	1961724.96	2090676.79	1512050.38	951452.35
主营业务收入(万元)	1564877.45	1554130.05	1112922.05	793306.87

2. "经营活动产生的现金净流量"≥"营业利润"

"经营活动产生的现金净流量"来自现金流量表,"营业利润"来自利润表。"营业活动产生的现金流"大于或者接近"营业利润",说明"营业利润"不是空话,企业在经营中的确有实实在在的现金足以应付各种基于利润的活动。有一个公式能够大致反映优秀公司的营业利润与经营现金净流量之间的关系:营业利润×(1.2~1.5)=经营现金净流量(仅供参考),具体实例

见表 2-17, 陕天然气大盘走势见图 2-17。

表 2-17　陕天然气: 营业利润和经营活动现金净流量的对比

财务指标 (单位)	2011-09-30	2010-12-31	2009-12-31	2008-12-31
经营活动现金净流量 (万元)	45995.43	73215.70	59584.45	40108.17
营业利润 (万元)	41031.26	47510.96	41877.65	34551.10

图 2-16　陕天然气大盘走势

有些企业打肿脸充胖子,虚构"营业利润",结果账上没钱还要去借钱缴税 (无利不起早)。他们的"经营活动产生的现金净流量"实在是少得可怜,就像被婴儿吸瘪的奶嘴儿,出工不出力。如果不幸投资了这种企业,你的情绪将会翻江倒海。

我们对上述条件稍加修改,也是成立的。那就是:"经营活动产生的现金净流量"≥"净利润"。

道理同上,只不过净利润是我们平时用得较多的项目。净利润=营业利润+营业外收入-营业外支出-所得税费用。美国安然 (Enron) 公司破产以及新加坡上市的亚洲金光纸业 (APP) 沦为"垃圾"公司的一个重要原因就是现金流量恶化,只有那些能迅速转化为现金的收益才是货真价实的利润。

3."投资活动产生的现金净流量"≥"投资收益"×30%

"投资活动产生的现金净流量"来自现金流量表,"投资收益"来自利润表。

投资活动产生的现金流量中,取得投资收益收到的现金就是投资的含金量。当然投资活动包括对内投资和对外投资。在下面的项目中,"购建固定资产、无形资产和其他长期资产支付的现金"就是指的对内投资。"投资支付的现金"就是指的对外投资。对内投资的质量,就要看销售收入之后的增长幅度。追加的投资,在投产后至少要有30%的销售增长(即销售商品形成的现金流增量至少要大于追加投资额的30%)。对外投资是越少越好,不务正业的事自然是少干为妙。所以,"投资支付的现金"项目越小越好。如果这个数字超过了利润,就是必须密切注意的异动信号。因为,很有可能这种投资都是靠天吃饭。自己的主业都干不好,还在卖力地广泛投资,其目的一般都不纯。最常见的就是企业拿股东的钱炒股票,花的钱会体现在资产负债表的"流动资产"下的"交易性金融资产"和"非流动资产"下的"可供出售金融资产"项目中。持有大量非产业相关者的金融资产,往往会滋生有害细菌。这是公司病危的高发区。

投资者不需要什么复杂的计算,只需要三组比大小就能看出企业大致的业绩的含金量。

(三)对偿债能力作出评价

利润是企业偿还债务的来源,但现实的偿债能力却取决于其实际拥有的现金。以权责发生制为基础计量出的利润在反映企业偿债能力方面有其局限性,现金流量更能准确反映企业偿债能力。我们还是用一个比大小来解决,即经营活动产生的现金净流量>负债总额。

我们前面资产负债表的章节中,讲到了成长股的投资本金保障,除了具备"货币资金+应收账款>负债总额"之外,还需要附加其他的条件,其中很重要的一个条件就是:经营活动产生的现金净流量>负债总额。这个公式的数据尽量以年报为准。因为很多公司季节性现金流波动,你分析的时候可能拿到的现金流正处于低谷或者高峰时段，不具有整体代表性。

现金流就是实实在在的钱的流动。这里面作假的空间极小。企业账上只有收到实实在在的现金，而且这个数字大于你的负债，你才有绝对的把握偿还债务，而且不影响正常的企业经营。

通过阅读企业的现金流量表，我们就可以像老中医一样，为企业"号脉"。根据我们以上讲述的原则和技巧，假以时日地学习、实战和思考，您就会驾轻就熟地判断企业的大致运行情况。

第五节　企业财务报表的其他方面

1. 企业职责作风和态度

企业的态度可以从定期报告和公告中体现：一旦净利润大增就说成是自己努力的结果，一旦增速下滑就说成是去年的基数太大，成本增长。一旦亏损就说成是金融危机、天灾。你自己分析他们的话很有意思：凡是功劳都是自己的，凡是损失都是环境造成的。潜台词就是，亏损是自然而然的正常现象，而盈利是自己的"辛苦努力"。你把钱交给这些蠢货，你能睡着觉吗？

2. 持续高速增长往往只是个陷阱

不要相信企业会永远地高速增长下去，否则，他们不久就可以买下整个世界。你知道，这种好事只有在梦中可能会出现。过度的乐观，将会让你走向极端被动。这要求投资者在阅读每次财务报表的时候，都不要因为盲目乐观而忽视了其中的细节思考。我们的忠告正如犹太人的一句谚语——相信上帝会带给你好运，但晚上睡觉还是别忘记反锁门栓。

3. 会计说明和审计报告越短越好

会计说明和审计报告的长度，并不是取决于简单的文风问题，而是事关他们的利益和形象。有些报告的会计说明和审计报告写得洋洋洒洒，似乎展示企业的工作严谨，其实，是在用专业的废话搪塞股东。

（1）会计说明事项，是对上市公司不得不说的"问题"进行解释。解释半天的事情，肯定是想让你变糊涂或者误解，而不是让你更清楚。如果股东放过了，正中他们的下怀。常规的经验是，会计说明事项越短越好。一两句话就能说清楚，说明事情不严重。

（2）审计报告越长，创造利润能力越差。审计报告是注册会计师根据审计准则的规定，在实施审计工作的基础上对被审计单位财务报表发表审计意见的书面文件，主要具有鉴证、保护和证明三方面的作用。

注册会计师在完成其报表审计任务后，可以视实际情况出具不同审计意见的审计报告，审计意见共有四种：①无保留意见，表明注册会计师认可报表反映内容的完整性和真实性，并愿意为此负责。②保留意见，注册会计师对会计报表存在异议或疑问，根据实际情况和掌握的证据，签发保留意见、反对意见或拒绝表示意见。③否定意见，注册会计师否定会计报表恰当反映了被审计单位财务状况、经营成果和资金变动情况的审计意见。④无法表示意见，注册会计师在审计过程中，受到委托人、被审计单位或客观环境的严重限制，不能获取必要的审计证据，以致无法对会计报表整体表示审计意见。

以上四种审计意见，只有"无保留意见"属于注册会计师对财务报告完整真实性的法律担保，不需要作解释，文字最短；其他三种意见都需要作详细的原因和细节解释，文字会很长，更能够深刻地解释企业可能存在的问题。所以，审计报告的文字长短也能反映企业是否存在重大问题。例如2009年年报披露中，世纪星源被出具带强调事项段的无保留意见；莲花味精被出具保留意见，带强调事项段的保留意见。这类公司可能存在着某些隐患，因此，投资者要格外谨慎。

审计报告是具备注册会计师资格的专业财会人员帮助投资者进行的整体把关，投资者要特别关注这一项（当然，也不排除有些注册会计师利欲熏心，与被审计单位同流合污，帮助其粉饰报表，但我们相信，大多数注册会计师都还是负责任的和具备职业精神的）。

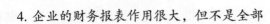

4.企业的财务报表作用很大，但不是全部

我们通过对企业三张主要报表的阅读，可以发现企业的很多问题。资产负债表让我们了解了企业的"肌肉"，利润表让我们了解了企业的"功绩和能力"，现金流量表让我们了解了企业的"血液循环系统"，三张报表如果结合起来，就能够更加准确地判断一个企业的整体运营质量和成果。然而，报表阅读不可能发现企业的所有问题，这一方面取决于制作报表者和阅读报表者的水平较量，更重要的是，企业很多真正的竞争力和成果可能无法直接反映在报表上。表外的情况同样需要股东去关注，多去实地了解一下您所投资的企业吧，因为它将来会伴随您的财富和人生，因为价值投资的本质是商业投资。

本章小结：

　　阅读报表，其实就是挑毛病。无论它掩饰得多深，肯定与基本的规律不符合。我们只需要按照简单的原则和规律去框定它就可以了，千万别上了他们的圈套。比如，如果你要选一个功夫高手当你的保镖，怎么选？你会听他给你讲，这招叫仙鹤展翅，这招叫海底捞月，这招叫三箭穿心？你若不专业，肯定搞不明白他究竟有多厉害。你需要做的是，找一个武功高强的人与他比试一回，行不行立马见分晓。这就是常识。当老板和股东最主要的就是常识。

　　我们通过对企业三大报表即资产负债表、利润表和现金流量表的分析，能够为企业进行把脉和体检，从而能够判断企业的运行质量，为投资决策做好铺垫。

　　最后，留下一个问题供大家思考：如果把美国和中国都看做是一家企业，你觉得从财务报表角度来看，哪家更值得你投资？

第三章　股票的估值

本章导读:

　　证券并没有好坏之分，只有便宜和昂贵之分。即使最好的公司，当其证券价格上涨得太高时，也会变成"抛售对象"；即使是最差的公司，当其证券价格降到足够低的时候，也值得去购买。

——格雷厄姆

　　股票估值就是对股票投资的风险和收益进行系统性的量化分析，并为投资决策提供可靠参考尺度的过程。简单地说，就是对投资价值的估算和分析。这就包括定性的分析和定量的分析。定性要看历史和实际市场表现，定量要看保障能力。股票估值是价值投资者的入门必备基础。

　　股票估值在证券投资中作用无可替代，是必备的核心环节，正如一张珍贵的藏宝图。忽视了这一环节，所有的投资就像瞎子打鸟，有投资没结果。然而，遗憾的是，绝大多数投资者对股票估值的认识还停留在幼儿园水平。笔者曾接触过一个科技工作者，他曾把1000万真金白银炒成了9万，"股票"已经成为他人生中最害怕的名词。人生没有假设，如果你不想让这样的悲剧发生在自己身上，就扎扎实实地学习本章的知识。武装你的财商吧！

第一节 估值的前提

错误的前提，产生错误的结果。只有抓住必然性的逻辑，才能捕捉到确定性的结果。这是马克思主义哲学带给我们的分析问题的思路和方法。我们在对股票进行估值之前，首先要对估值的前提条件进行梳理和确认，否则，分析的结果和实际的操作结果可能大相径庭。

1. 企业的延续性

我们讲过，股票投资的本质是商业投资。那么，我们的股票投资实际上就要对商业进行深入剖析。最重要的一条，就是企业的延续性，即企业是否可持续存在。

股票的估值依赖于一定时期内企业价值的估算，企业如果都不存在，估算也就没有意义。这个前提对于投资初创期和濒临破产的企业具有非常重要的参考意义。初创期的企业很有可能因为各种意外风险而中途夭折，濒临破产的企业往往在之前还是非常辉煌的，然而也会突然倒闭。虽然这种企业在目前的 A 股中还较少出现，但是，一旦出现，对于投资者就是百分之百的财富毁灭。因此，价值投资者不可掉以轻心。

中国早期的股票投资者都非常了解原始股投资兴盛的疯狂年代，最典型的是成都的红庙子市场，现金和股票交易都是用麻袋装的，是全球最大的股票黑市。在那个年代，由于投资者失去理智的追捧，导致不少空壳企业发行了大量的"原始股"。多年以后，投资者拿着自己下注的血本证明，去寻找这些企业的时候，这些企业要么不存在，要么是已经破产。财产付诸东流，心情无比悲伤。现在，这种现象并没有杜绝，只是欺骗的伎俩更加高明，投资者仍然要防范。

近年来，不少地方都有一些所谓的"纯民间资本运作"，严重歪曲了资本运作的真正概念，实际上是典型的传销，是国家明令禁止的。传销者最致命的缺陷是，没有向社会提供有价值的服务或商品，它根本就不是一个企业，仅仅算是一个团伙。资本投资的本质还是商业，商业就要提供有价值的商品和服务，否则，谁会埋单？企业的利润都保证不了，股东的利益能保证吗？股东的基本利益都保证不了，股东之间的交易不就是纯粹的欺骗？

价值投资者非常鄙视欺骗的手段。走正道，赚阳光的钱和长远的钱，是所有价值投资者的追求。

2. 商业的趋势性

股票投资本身也包含着对未来的预期，因而商业趋势是我们判断未来的重要依据。单纯地惯性预测未来，是非常危险的事情。然而这正是几乎所有分析机构都普遍采用的模式。你可以翻开任意股票的分析专栏（比如网络专栏或F10），以这种直线思维来对股价进行趋势判断的报告几乎铺天盖地。比如，预测某股票未来三年的业绩为：1.00元、1.20元、1.44元……很显然，在分析师眼中，这只股票会规则地按每年增长20%的速度匀速前进。然而，事实是，几乎没有企业是这样乖巧的。

在实际应用中，商业的趋势性尽管被更多地表述成一个量化的概念，然而，其本身反映的主旨是一种方向性（方向性更多的不是以数字来表述的）。我们把趋势分为：上升趋势、下降趋势、周期震荡趋势。

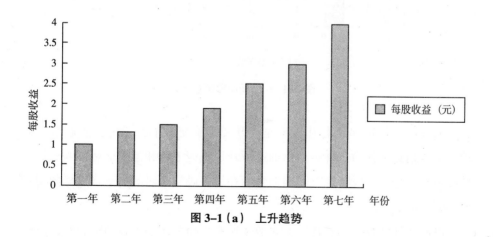

图3-1（a） 上升趋势

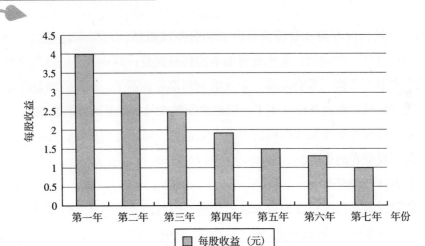

图 3-1（b）　下降趋势

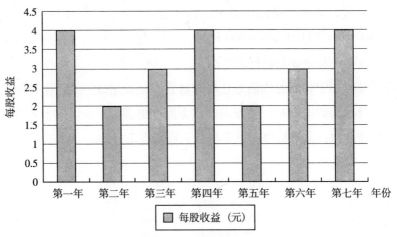

图 3-1（c）　周期震荡趋势

上升趋势包括加速上升、减速上升和螺旋交替上升三种微小趋势。同理，下降趋势也分为三种类型：加速下跌、减速下跌和螺旋交替下跌。周期性震荡趋势是在一段特定时间内上升而在另一段特定时间内下降这样的交替出现的趋势。

以上三种趋势基本上概括了 A 股中所有上市公司经营业绩的走势。工程机械、水泥、能源、医药、电器等行业在过去 5 年基本保持了上升趋势；自行车、钟表、传统相机胶片、陶瓷等行业企业持续衰退，保持了下降的趋势；而有色金属、船舶制造、化工、物资外贸等行业则根据经济周期的变化出现了周期性震荡的趋势。

趋势的多维性，避免我们陷入直线思维的陷阱。最令人振奋的收益曲线往往出现在严重倒退的前夕。疯狂追逐利润的公众，已经失去了理智，他们先是从情感上默认了良好的趋势，然后再去寻找证据来证明这个趋势，即使这些证据是最站不住脚的，在他们看来却是理所当然的。我们建议投资者在对商业趋势进行预测的时候，能够以事实为依据，而不要依赖于对未来的预期。只有深入分析企业的业务性质、行业属性、未来战略甚至是商业模式，才能够得出收益的基本趋势。

商业趋势是股票估值的前提，它对股票估值有不可替代的影响，但这并不意味着只靠它本身就能为投资者提供安全的基础。

3. 商业成果的可兑现性

价值投资者希望得到切实的收益保障，而收益的保障取决于对商业经营的保障。商业成果的可兑现性和确定性，就决定了利润的确定性和股东收益的可兑现性。商业成果的可兑现性包括两个方面：质的确定性和量的确定性。

（1）质的分析。质的确定性分析，主要是侧重对业务性质的稳定性分析。企业的地理位置、经营特色、管理水平、市场需求变化、自身产品结构和商业模式、政策变化、股东支持等都是影响因素。

研究上市公司的业务性质非常重要。公司业务具有内在稳定性，对于投资者对量的变化判断提供了可靠的基础。在所有行业中，工业、科技行业的公司由于竞争激烈，产品周期加快，各种风险较多，其内在稳定性相对较差，投资者在对股票进行估值时，要特别谨慎。能源、酒饮料、医疗等行业的内在稳定性较好，投资者在估值时，就比较简单和直接。在过去的 10 年，虽然经历了世界经济变迁，但这些行业的企业的运营始终保持了内在的稳定性和持久性，虽然有时候也会受到供求关系的影响，售价产生一定的波动，但整体而言，这些行业相对于其他行业面临的困难要少，经营更加稳定和持久。

除了行业整体的业务稳定性之外，我们还要探求公司本身具备的独特竞争力模式。公司本身的独特竞争力模式主要是基于品牌、研发能力、盈利模式创新等企业自身独特的无形资产而产生的。格力电器依靠科技和品牌，能够做到预收货款之后发货，提前确认了收入；陕鼓动力在行业竞争加剧的情况下，能够整合自身的业务，突出服务的含金量，从而加深了与下游客户的关联度，深深扎根于客户的需求之中；青岛海尔能够推行零库存制度，将库存环节推向上游供应商，依靠的当然是自身的品牌营销优势和强大的研发能力。这些企业独特的竞争力模式，会保障公司区别于其他企业，而保持更加持久的内在业务稳定性。陕鼓动力大盘走势见图3-2。

图3-2 陕鼓动力大盘走势

（2）量的分析。量的分析主要是基于资本、收入和股息、资产和负债、业务统计而进行的具体数据的分析。这些分析对于股东获取本金和收益保障有直接的参考尺度意义。

比如在资本方面，当股票价格在它发行价的40%左右时，无论从其清算价值、持续经营价值还是流通市场方面考虑，都是值得购入的，因为认识充分的第三方会为该业务支付合理的价值。这样股东就会获得本金的切实保障，这样的保障是可以量化的和可准确计算的。再如收入方面，公司研发的新产品能够迅速以低成本占领市场，获取较高的毛利率，资产盈利率大幅提高，每年的盈利足以支撑企业快速扩张，这样的情况维持 3 年完全可以实现企业再造，那么，这种投资就可以获得较为稳定的增长。这些都是可以量化的因素。

对于企业量的分析，我们主要是通过对企业财务报表的分析获得充分的数据支持。关于企业财务报表的分析，我们在前面已经与大家做了深入的交流，希望大家可以再次回顾。

在我们对股票进行估值之前，了解这些估值的前提条件，有助于理解估值的含金量和准确性。这就像游戏的规则一样，违反规则就会受到惩罚。

第二节　市净率与有形资产保障率

价值投资者讲究投资的切实保障，首先是本金的安全保障。本金的安全保障更主要的是体现在资产的含金量方面。本节重点讨论企业自身的有形资产对股东投资的保障能力，主要是基于企业核心资源的保障能力。

一、市净率

市净率这个词汇，投资者并不陌生。市净率的公式为：市净率（PB）＝股价÷每股净资产。这个公式的实际意义为每股股价中的净资产含量。以此公式来衡量对股东投资的保障，是绝大多数分析师使用的方法。

投资者在这个衡量工具的使用中，往往会生搬硬套，不会灵活处理，有时候也不免吃亏。下面我们来分析一下这个公式使用的要点。

1. 重点分析每股净资产的含金量

在市净率的公式中，分母为什么是每股净资产，而不是总资产？因为总资产中有一部分是负债，负债是要首先偿还的，负债的最大受益者是企业的债权人（一般是银行），这跟股东没有直接关系。只有扣除负债，剩下的资产即净资产，才是股东可以等额划分的财产。我们不用总资产，而用净资产，就是排除负债这些本不是股东实际资产的因素。

在净资产的使用上，股东也要特别谨慎。因为净资产与可以兑现的资产不是画等号的。投资者关注的是能够真正兑现到手的财富，而不是账面的财富。所以，我们还要进一步探讨企业每股净资产的含金量。谨慎起见，我们要使用的净资产最好是修正的净资产，主要是指企业能够兑现的硬通货资产。在净资产中含金量最高的是：现金和现金等价物、房产、贵金属、社会稀缺珍贵资源等。如房地产、铁路等资产的重置成本都很高，原有资产本身存在升值空间，这就是保障。我们不想真正在兑现的时候，价值10万元的机器，只能按2000元的废铁价值出售，这样的话，损失最大的是股东。我们在使用净资产的过程中，首先要看净资产的含金量究竟有多高，这是市净率这个公式能够带给我们多大保障的重要参考依据。

我们把公式修正为：市净率＝每股股价÷每股净资产（仅含有现金及等价物、房产、社会稀缺珍贵资源等）。

当市净率＝1时，表明企业的可兑现资产与目前股票价格相同，买入该股从有形资产保障来说，仅能持平，不会亏，但也不会有盈利空间。从时间价值来说，是不值得投资的。

当市净率＞1时，表明企业的可兑现资产小于股价，企业的每股净资产的含金量不足以保障股价的安全性，除非有其他的保障方式，否则，这种企业对股东本金的保障缺乏足够实力。

当市净率＜1时，表明企业可兑现资产大于当前股价，企业的资产含金量较高，能够保障每股可兑现资产高于股东的投资，这种投资是有足够硬资产来保障的，甚至在实际破产清算时，还有一定的获利空间。

经验表明，对于保守型价值投资者来说，市净率（PB）最好不要超过1.5倍。

2. 如果你以市净率来衡量资产的安全性，它发挥效用的条件是必须使企业破产

如果在你核算清楚后，本来企业的净资产含金量还足以保证你的本金安全，但是，时间拖了两年，管理层使劲挥霍你的财产，资产也会缩水，从而不能够保障你的投资资金安全了。在有较大的空间时，股东们必须联合起来，强烈要求企业立即破产清算，从而拿回属于自己的那份资产。

3. 以低市净率来选择投资标的，实际相当于放水钱，放高利贷

假如一家企业的股价现在为 5 元，而其账上的现金与银行理财项目、房地产等资产，保守估计折合到每股为 7 元，则你这个时候买进这只股票，保守估计有 2 元也就是 40% 的盈利空间，只是时间尚不确定。如果破产清算及时迅速，你就可以将这个收益兑现。其实，即使不破产，第三方有头脑的投资者，也会积极地在 7 元以下大肆吸纳，也会把股价推高到净资产附近。当然，如果遇到资产被收购，收购价高于 7 元，你还可以中头彩，获得更有选择性的抛售权。

A 股中也常常出现股价大面积低于净资产的情况。这种情况的出现多数是在股市低迷时期，投资者失去信心从而导致股价被严重低估。中国沪深两市在 2004 年、2005 年曾经出现过大面积的股价低于净资产的情况。事实上，这说明股市中真正的机会来了。

二、有形资产保障率

有形资产就是股东的实际净资产（不含负债）减去无形资产的净额。有形资产保障率就是有形资产对于股东投资的实际安全保障，所以也可以称为股东权益保障率。其公式为：有形资产保障率 = 净资产/股价。细心的投资者会发现，有形资产保障率其实是市净率的倒数（分子与分母交换位置），即有形资产保障率 = 1 ÷ 市净率。

此处提出这个概念，并不是纯粹在玩文字游戏，而是在实际应用中，这个概念其实更容易被广大投资者理解。有形资产保障率的意思是，如果把股东的投资定为基准，企业的有形资产（可兑现资产）能不能保障投资（股价）的安全性。

当有形资产保障率大于1时，说明企业的实际资产大于股价，股东的投资是有资产保障的。反之，有形资产保障率小于或等于1时，企业的实际资产不足以保障股东投资的安全，如果没有其他的保障措施，投资这种股票要么是烧钱玩，要么是浪费时间。

比如，某上市公司在第一季度有形资产保障率大于1，说明对于当前股价买入的人而言，是有实际有形资产来充分保障本金安全的。而第二季度股价大涨100%，则此时有形资产保障率就只有50%了，这个时候，单纯从有形资产的保障来说，已经不足以使得投资者的本金具有可靠的安全性了。所以，这个时候（如果缺乏其他保障）就要考虑卖掉。

使用市净率和有形资产保障率都是保守型投资者的选择，他们随时都为企业破产做好了清算的准备同时还不能够出现亏损，甚至还有点收益空间。但这种方式，毕竟不是企业的常态。市场上更多的企业还是具有一定生存能力和发展能力的企业。因而，我们除了探讨有形资产对股东投资的保障，还要探讨无形资产对股东投资的保障。

第三节　市盈率与无形资产保障率
（股东回报率）

市净率与有形资产保障率是相当保守的投资思路，这是价值投资的创始人格雷厄姆极力坚持和号召大家使用的方法。但是，纯粹盯着有限的有形资产不能够使得企业资产的潜能发挥到极致。后期，费雪和彼得·林奇发展了这个理论，除了有形资产的保障，他们更加看重无形资产的巨大价值和企业的实际盈利能力，注重企业的成长性。事实上，这就是承认了人力资本的巨大价值。股神巴菲特将有形资产和无形资产的保障进行了很好的结合，从而形成了自己的操作风格和思路，成就了一代股神的传奇。本章我们将重点探讨市盈率和无形资产保障率，重新发现和挖掘企业的价值潜力，特别是基于企业核心能力的价值。

由于本节内容极其重要，读者要特别留意其中的一些细节。

一、市盈率

市盈率就是我们通常所说的本益比，传统教科书将其公式定义为：市盈率=股价/每股收益。市盈率的使用非常有讲究，并不是像一些书籍宣称的那样"市盈率低就值得投资，市盈率高就风险大需要抛售"。这也未免太把投资当儿戏了。

1. 整体估值的优势

价值投资者要具备"会当凌绝顶，一览众山小"的视野和思路。同样的问题，智者和庸者得出的结论是大相径庭的。对于传统市盈率的公式，价值投资者虽然也不否认，但在实际应用中，投资者却往往面临一些"透明的障碍"。我们将市盈率的公式修改为：市盈率＝企业总市值÷企业净利润。在这个公式中，企业总市值就是用股价乘以总股本得来，企业净利润从企业财务报表中的利润表中得来。之所以坚持用整体估值的方法，主要是基于整体估值的优势。

（1）可以借助商业经验直观地判断该企业是否明显高估或者低估。我们讲过，股票投资的本质是商业投资，不要脱离最基本的商业规则去下赌注。

财务论证与商业论证是需要相互对照的。我们推崇公司估值时采用整体分析法。比如，根据当前的股价和股本，你折算下来相当于花多少钱才能买下这家公司。如果在实际的商业活动中，你会不会支付这个价格？事实上，我们很少发现有投资者运用这种整体思考的方式了。他们只关注自己手上的300股或1000股，从来不从整体企业的价值和实际的商业价值的对照来思考其中的合理性。比如，一家小的地方百货公司的整体市值已经超越了实力雄厚的王府井百货，你不觉得这有点脱离现实吗？你还会拿着仅有的一点现金去购买那些缺乏资产支持的股票吗？

我们举例说明。如果一家上市公司的股价为 10 元，总股本为 1 亿股，企业的年度净利润为 5000 万元。那么，我们在计算市盈率时，就可以得出：市盈率＝（10 元×1 亿股）÷0.5 亿＝20 倍。虽然，结果和传统的市盈率公式相同，但是，这个公式的优势是，能够让你从整体上看到，你以 10 元买进此公司股票，相当于花了 10 亿元购买了年净利润为 0.5 亿元的企业。在实际的商业经营中，您是否会花 10 亿元购买下这家企业呢？上市公司与非上市公司，只不过在流通上有所不同，价值上没有什么不同。不能因为换了个马甲，就把公鸡看做凤凰。

倘若您能接受这个方法，您至少不会错得太离谱。回头看很多散户，其实是"不买最好的就买最贵的"，典型的"疯投"。

（2）整体估值可以避免在拆股前后分析师对每股收益的预测误导投资者。采用整体估值，可以避免在股价刚刚完成股票拆分（所谓的"送股"）前后，分析师按照常规估值引导大家操作产生的时空误差。我们来举例说明，大家就非常容易理解了。

例如：××股股本 1 亿股，股价 20 元，企业净利润为 0.5 亿元即每股收益估测 0.5 元，如果股价拆分为 10 送 10，则拆分后股本扩大 1 倍至 2 亿股，股价变为 10 元钱。问题是在股价除权的前几天，分析师在 F10 里大肆吹捧，该股每股收益为 0.5 元，而几天后股价除权了，这些估值的文章内容却还是不变的，这种预测容易使人联想到的是 10 元股价中的每股收益是 0.5 元。这样的话，市盈率就只有 20 倍，很多人感觉划算就大肆买入，而实际上他是 40 倍买入的，这个时候，主力就把股票高价卖给你了。

如果你采用整体估值法，就能够很清楚地辨别出这家企业的实际估值水平。虽然在拆分后，股价降低了，但是股本同比例增多了，总市值是没有变的，企业的净利润在股价拆分前后也是没有变的。那么，企业的市盈率＝（每股 10 元×2 亿股）÷0.5 亿元＝40 倍。

有些分析师喜欢在股票拆分前进行每股收益分析，这很容易使人误入歧途。这种时间差已经使得很多中小散户上当受骗。虽然这种陷阱由偶然的时空差别造成，但我们宁愿相信更多的是刻意人为造成的。

（3）市盈率的准确性关键取决于对公司净利润的准确估计。这个估计不是简单的惯性推断，而是要看企业实际经营的变化。比如，完善了营销渠道可使产品销量增加 20%，成本管理的有效进展可以使得成本压缩 10%，研发实力的增强使得毛利率提高 15%，企业品牌的塑造使得企业预售账款大幅增加 30%，盈利模式的改进使得企业的盈利具备更大的提升潜力大约为 50%～200%，公司外延扩张为 30%，等等。这些实际的经营，都是可以用数据进行量化衡量的。把这些因素整合考虑，我们就能大致推断企业净利润的可能区间。请注意，我们对净利润的估计是一个区间，而不是一个准确数字。如果非要选择数字，那么，要选择最为保守的数字。这样得出的市盈率准确性和可靠性才更好。

我们不知道，很多分析师根本不去深入研究企业自身的经营，仅依靠惯性计算，对于每股收益的分析居然能够精确到一分一厘，除了展示自己的预测更加"精确"之外，还有没有一点基本的常识判断。

2. 市盈率估值是一个动态的过程，而不是静态的过程

《吕氏春秋·察今》中曾记载了一个寓言故事：有个楚国人，在坐船过江时，不小心把剑掉入江中，他不慌不忙地在剑掉下去的船舷上刻了个记号，等到过了江，他沿着记号跳下去找剑，结果一无所获。这就是著名的刻舟求剑的成语故事，讽刺了那些不懂事物发展变化而仍静止地看问题的人。遗憾的是，几千年了，这种死脑筋仍然没有灭绝。在市盈率估值方面，我们就发现了不少刻舟求剑的人。

市盈率的公式为：市盈率＝企业总市值/企业净利润。在这个公式中，企业总市值和企业净利润都是随着时间的变化而不断发展变化的，因而市盈率本身也是一个动态的估值过程。在实际应用中，我们对于市盈率的分析，是有时间和区间限制的。不同的时间和区间选择，得出的市盈率可能完全不同。

我们知道，市盈率的倍数相当于按照当前利润，你花多少年才能收回投资。假如企业的市盈率为 20 倍，那么，相当于企业按照目前的盈利水平，

要 20 年才能收回你所有的投资。可是，企业永远不会静止地按照当年的盈利水平年复一年地推进。企业的利润增长速度或衰退速度，决定了市盈率的真实情况。我们来看一组数据，见表 3-1、表 3-2、表 3-3、表 3-4。

表 3-1

A 企业估值	第一年	第二年	第三年	第四年	第五年
总市值	10 亿元	15 亿元	20 亿元	25 亿元	30 亿元
净利润	1 亿元	1.5 亿元	2 亿元	2.5 亿元	3 亿元
市盈率	10 倍	10 倍	10 倍	10 倍	10 倍

从表 3-1 A 企业的表现来看，只要每年的利润增长和股价的增长速度保持一致，企业的估值水平就保持不变。但如果在第一年购入 A 企业股票，伴随着企业业绩的增长，企业的股价也稳步增长。到第五年的时候，其持有的股票市值已经是当时买入的 3 倍。

表 3-2

B 企业估值	第一年	第二年	第三年	第四年	第五年
总市值	10 亿元	15 亿元	20 亿元	25 亿元	30 亿元
净利润	1 亿元	2 亿元	4 亿元	7.5 亿元	10 亿元
市盈率	10 倍	7.5 倍	5 倍	3.3 倍	3 倍

从表 3-2 B 企业的表现来看，虽然每年的市值都在不断增长，但是企业净利润增长的速度更快，企业的估值水平不断降低。投资者如果在第一年购进，到第五年也能获得 3 倍的市值，更重要的是，投资者可以在后续几年不断加码买进股票，因为企业的盈利使得其股价看起来相当便宜。

表 3-3

C 企业估值	第一年	第二年	第三年	第四年	第五年
总市值	10 亿元	15 亿元	20 亿元	25 亿元	30 亿元
净利润	1 亿元	0.75 亿元	0.5 亿元	0.25 亿元	0.1 亿元
市盈率	10 倍	20 倍	40 倍	100 倍	300 倍

从表 3-3 C 企业的表现来看，可能是因为市场环境比较有利或者本身的概念较为吸引投机者，公司的市值不断增长，然而，企业的净利润却逐年萎

缩，与市值的走势形成背离，估值水平越来越高。这种情况下，风险就逐步增大，投资者如果在第一年买进了这只股票，那么，最好在后续几年中逐步抛售股票。因为这个投资缺乏保障，除非公司还有其他安全保障（比如有形资产保障）。

表 3-4

D 企业估值	第一年	第二年	第三年	第四年	第五年
总市值	10 亿元	10 亿元	10 亿元	10 亿元	10 亿元
净利润	1 亿元	0.67 亿元	0.5 亿元	0.25 亿元	0.1 亿元
市盈率	10 倍	15 倍	20 倍	40 倍	100 倍

从表 3-4 D 公司的表现来看，虽然企业市值五年内没有改变，但是，企业的净利润却逐步萎缩，这就使得企业的估值水平越来越高，价格也越来越贵。这种企业不值得购买。

从以上四家公司的对比来看，虽然在第一年，他们的市盈率估值是相同的，都为 10 倍市盈率，但是，由于市值和净利润的变化情况不同，企业的估值发生了非常大的分化。总体而言，业绩增长快于市值增长的企业，企业的估值会维持较低水平，对于投资者来说，具有购买的价值和潜力；而业绩增长慢于股价走势的企业，估值水平却不断攀升，价格昂贵，不值得投资。所以，静态地看待市盈率，是会犯错的。你最好能够通过企业经营的具体活动判断企业未来的利润情况，然后，借助于市值的波动（股价的波动和股本的变化）对企业的估值作出动态的估算。从这个意义来说，当前 20 倍市盈率的股票未必就一定比 40 倍市盈率的股票值得投资。因为从长期来看，你得到的两家公司的动态市盈率或许恰好相反。

在市盈率估值的实际应用中，我们建议投资者注意以下三点：

（1）高速成长的股票不太可能有太低的市盈率。从上述几家公司的对比可以看出，高速增长的企业，其估值从长期来看显得更加便宜，因而很多看好公司长远价值的投资者就会提前购买，这样就会导致企业的股价被不断抬高。根据市盈率的公式，我们就不难发现，其市盈率从长期来看很难有大的下降。这种业绩增长推动股价更快增长的神话模式，最终会在业绩增长停滞或者突然衰退时终结。了解了这种现象，你就不难理解，为什么企业的最大市值往往是在成长最快的时期，而企业进入成熟稳定期后虽然业绩仍然在增长，市值反而很难有大的突破了。世界上没有永远的增长神话。被赋予高估值的高速成长的中小企业，一旦业绩增速下降，估值泡沫就容易破灭，股价容易被打入深渊。具体实例见图3-3、图3-4。

图3-3　汉王科技大盘走势

（2）不要用未来的业绩和现在的股价对比，最好用可靠的过去的业绩与股价对比。在实际应用中，很多分析师都喜欢猜测未来几年的净利润，然后，用现在的股价除以未来几年的每股收益，得出未来几年的市盈率。这种做法是相当荒唐的。因为几年的利润预测难度是较大的，连企业自身预测都未必准确，一个根本不是内部人的分析师能够准确地预测吗？利润预测不准确，能够得出准确的市盈率吗？

比较可靠的市盈率估值，应该是把过去比较可靠的业绩（净利润）作为基准。然后，套上我们的公式：市盈率=总市值/净利润。比如，企业市值为10亿元，过去三年净利润均保持增长态势，三年平均净利润

图 3-4　振华重工大盘走势

为 1 亿元，那么，市盈率 = 10 亿元 ÷ 1 亿元 = 10 倍。过去三年的净利润平均值就是企业盈利能力的可靠体现，如果企业能够保持或某些方面进行改进，后期的业绩往往能够超越前面的平均净利润。所以，使用这个平均净利润得出的市盈率会更加可靠。如果后期业绩真正实现了快速增长，还能给投资者带来额外惊喜。我们不想和某些过于激进的分析师一样，怀揣着对未来每股收益大幅增长的美梦，结果却是梦断股市，结果根本不在预料之中，因而也就是猜谜语的游戏罢了。基于对未来的猜测多数都是不靠谱的，只有基于对过去能力的总结，才有可能获得稳定的保障。

　　（3）企业股价的快速波动，是改变估值最快的途径。除了净利润这个变量，市值也是市盈率公式中的一个非常重要的变量。市值的关键是股价的波动。如果股价快速上升，在业绩不变的情况下，企业的市盈率估值就会上升，即价格越来越贵，投资者最好选择抛售股票。同理，如果企业的股价大幅下跌，在业绩不变的情况下，企业的市盈率估值就大幅下降，这个时候，往往是便宜买进股票的时候。

3. 市盈率估值的含金量

在财务报表分析的相关章节，我们已经分析了企业利润的含金量的问题。此处，我们分析企业市盈率估值也可以有效地运用。

市盈率＝总市值/净利润。此处，净利润要排除一次性收入的干扰（比如卖地、卖设备获得的一次性收入，投资股票获得的收入），专心研究主营业务产生的核心利润对市盈率的影响，这才是可持续的。否则，你的这种市盈率都是空架子，没有含金量。

企业市盈率估值的含金量高，我们对企业的投资才会稳定可靠和可持续地实现回报。否则，投资者就会像坐过山车一样，看着企业的业绩大幅波动，企业的估值也就发生剧烈波动，投资者的收益难以稳定和持久，甚至还要出现亏损。投资者在购买股票之前，对市盈率的估算一定要考虑其含金量，因为这就是利润持久和稳定的保障。

4. 注意周期因素

采用市盈率方法估值一定要特别注意企业本身或所在行业的周期性影响。

对于周期性行业而言，估值要充分考虑周期不同阶段企业净利润的分布情况。假如某上市公司四季度的收入占到全年的70%以上，你如果按照前三季度的业绩惯性推算是不合理的。说明动态要有一个合理的时间节点，也要有一个全局思维。在这种情况下，你如果获得的三季报业绩为0.3亿元，则全年业绩有望实现 0.3 亿元 $\div (1 - 70\%) = 1$ 亿元。这就是充分考虑了周期在动态估值中的影响。

关于企业的年度内业绩周期分布情况，您可以在F10财务分析专栏的最后看到这些资料。比如典型的周期性行业旅游、种业等。具体例子见图3-5、表3-5、图3-6。

除了年度内周期的波动情况，有些行业或企业还存在跨年度周期波动情况。有些企业近几年可能处于有利的环境，利润出现了高速增长，但以后未必都会保持这样的高速增长，因为周期决定了它还要经历不利的环境。如果你投资的是周期性行业企业，一定要看是否不断地有新的产品或服务创新，如果没有，那它就很难逃过周期的轮回，被动地接受行情的起伏。比如房地

图 3-5　黄山旅游大盘走势

表 3-5　2009~2010 年黄山旅游的业绩周期分布情况

2010 年度				
	主营收入（万元）	占年度比重（%）	净利润（万元）	占年度比重（%）
一季度	13054.50	9.03	-673.91	-2.92
二季度	44131.63	30.54	10350.55	44.81
三季度	45628.82	31.58	10049.88	43.51
四季度	41683.71	28.85	3372.80	14.60
2009 年度				
	主营收入（万元）	占年度比重（%）	净利润（万元）	占年度比重（%）
一季度	12075.29	10.71	-428.54	-2.68
二季度	34430.17	30.53	8126.97	50.85
三季度	41744.33	37.01	9352.22	58.51
四季度	24541.84	21.76	-1066.87	-6.67

图 3-6　登海种业大盘走势

产、证券业等。具体例子见图 3-7、图 3-8。

图 3-7　铜陵有色大盘走势（铜陵有色的走势折射了整个有色金属行业的周期波动情况）

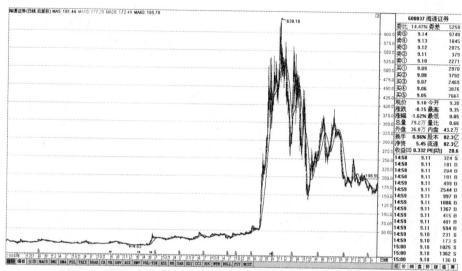

图3-8　海通证券大盘走势（测试中国牛熊走势的最直接的"仪表"）

对于非周期性行业和上市公司而言，我们希望企业能够克服各种困难，实现利润的稳步增长。即使企业的利润在某些年度偶尔出现下降，下降幅度也不能太明显，即温和下降是可以理解的。因为企业很难做到连续多年保持高速增长，其本身也需要调整和改革。非周期性行业，要注重产品的质量和品牌。比如服装、饮食等。具体例子见图3-9、图3-10。

通过市盈率分析我们可以得出以下结论：

1. 好企业不等于好股票

我们的结论是，好企业＋低价格＋其他确定性保障＝好股票。

如果你在2007年买进了万科，说要价值投资，你会输得很惨。毫无疑问，万科是一家好企业，然而，你买入的价格太高了，在2007年那个时点，市盈率太高说明不适合买入。

如果你在中国石油上市之初，买进了其普通股，结果是到现在你的投资会折去一大部分。中国石油是不是亚洲最赚钱的公司之一？答案是肯定的。但是，你仍然不要忽视，市盈率为60倍，你付出的价格太高了。

如果你在中国太保上市时买入，你也同样支付了高昂的价格。中国太保是不是一只绩优股？没错。然而，过高的价格就是泡沫，挤泡沫就需要下

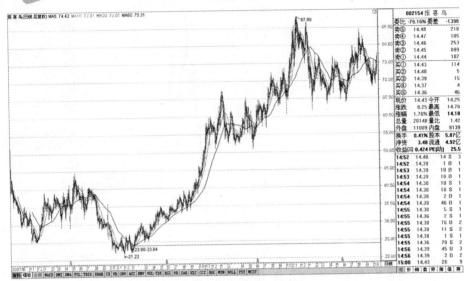

图 3-9　报喜鸟大盘走势

图 3-10　全聚德大盘走势

跌。中国太保大盘走势见图 3-11。

大象插上翅膀只有在童话中会出现。

请记住我们的公式：好企业＋低价格＋其他确定性保障＝好股票。低价

图 3-11 中国太保大盘走势

买入优质企业的股票，是不变的盈利法则。

2. 合理的市盈率是购进股票的最重要的参考

根据经验，我们对沪深两市所有上市公司的估值，传统的企业（如消费类和公用事业类）市盈率最好在 15 倍以内，否则，就存在高估的风险。而高成长性的中小企业估值最好不要超过 25 倍。

投资者永远不要幻想自己每次交易都能买到一段时间内的最低价和卖到一段时间内的最高价。只要具备投资价值，我们就可以逐步买入。只要已经被明显高估，我们就不断地减持和抛售。

二、无形资产保障率（股东回报率）

有一位犹太富商把儿子送到了遥远的耶路撒冷去学习，然而在他弥留之际，儿子却不能归来见自己最后一面。他立了一份遗嘱：家中所有财产都转让给家中一个奴隶，但是，他的儿子有权选择财产中的任意一件。如果您是这位富商的儿子，您会选择哪一件呢？富商的儿子归来，直接选择了这位奴隶。

这个故事告诉我们一个道理,如果缺乏驾驭和经营财富的能力,即使你暂时拥有大量有形的资产,也会像这个奴隶一样空欢喜一场。驾驭和经营财富的智慧,比有形的财富更加重要。

我们前面讲过,企业的潜力取决于核心资源和核心能力。事实上,基于核心能力的企业是更加具备长远潜力的优秀企业。因为资源总是有限的,而能力却是无限的。在全球市值最高的企业中,你会越来越多地看到基于技术或基于管理创新而成就的巨无霸企业。你能想象吗?100年前,阿根廷和美国处在同一个经济起跑线上,而且阿根廷的自然资源更加丰富,然而,100年后的今天,我们看到了强盛的美国和衰弱的阿根廷。

企业的能力属于企业的无形资产,由于无法准确量化,我们只有根据其历史业绩表现,来深入发现其对企业运营带来的实际影响。我们姑且称其为无形资产保障。无形资产的保障如果能够提供足量、稳定和持久的利润,就是令股东最为惊喜的事情。活钱更值钱。我们对无形资产对股东的保障率用以下公式来表示:

无形资产保障率=净利润/(购买时的)总市值。

事实上,就是市盈率的分子分母进行了调换。这样的调换,是为了让投资者形象直观地认识到你的投资究竟能够获得多大程度的保障。什么是保障?即净利润。只有持续稳定增长的净利润,才能使得股东的投资获得更安全的保障。一定不要忽视我们估值的前提条件,也不要忽视无形资产保障率也是一个动态的估值过程。下面我们来分析以下四家企业:

A企业年度净利润为1亿元(其中60%来自于一次性卖地收入),企业总市值为50亿元。那么,企业的无形资产保障率=1亿元÷50亿元=2%。这个无形资产保障率还不如银行存款利息,因为银行存款利息是基本无风险的,而A企业的2%,其中60%是一次性卖地(土地使用权转让)收入,这个收入在下一年不能复制,因此缺乏安全保障。购买这种企业的股票等于自愿上当。

B企业年度净利润为1亿元,此前的两年,企业的净利润为3亿元和2亿元。企业的总市值为50亿元。那么,当前无形资产保障率=2%。这家企业的盈利能力在衰退，明年的这个时候，你得到的结果很可能是 1%甚至更低。

C 企业年度净利润为 1 亿元，盈利原因主要归于产品的某项专利抬高了竞争门槛，为企业赢得了 3 年的高利润时代，然而这项专利今年年底到期。此时，企业总市值为 10 亿元，那么，无形资产保障率 = 1 亿元 ÷ 10 亿元 = 10%。这个保障率虽然比较高，但是，明年就非常不确定了。因为无形资产保障率是一个动态的过程。此时，也必须保持警惕，不要一味地做梦。

D 企业年度净利润为 1 亿元，主要是基于品牌和管理能力的提升，过去两年在金融危机的背景下其净利润为 4000 万元、6000 万元。公司当前市值为 10 亿元。那么，此时无形资产保障率 = 1 亿元 ÷ 10 亿元 = 10%。由于品牌和管理能力已经在过去两年获得稳步提升，且随着经济形势的好转，下一年度的数字不会比今年差，应该至少在 10%以上。这虽然存在一定的变数，但是，由于这个收益率远高于银行存款，因而也是值得投资的。如果企业本身的盈利能力持续增强，你还可能获得更加丰厚的回报。

在以上四家企业中，只有 D 企业是值得股东投资的。其他企业的股票，都不值得购买。通过对比分析，我们也可以做一个简单的总结：在这个公式中，你会很清楚地判断出，股价越低，无形资产的保障率就越高；公司的净利润却是持久稳定增长，增速越快，之后的无形资产保障率（股东收益率）就越高。

图 3-12 海普瑞 FDA 门槛的神话落幕（FDA 不是马奇诺防线）。

图 3-13 科伦药业就是基于软袋输液而其卖价高于正常的输液价格。保护期三年过了，它的优势就可能被削弱。

图 3-14 老字号马应龙靠主业稳步提升企业价值，进攻才是最好的防守。

无形资产保障率（股东回报率）能够带给股东方便——将购买这家企业的股票获得的投资回报率与其他商业活动的回报率进行直观的比较，这就为投资提供了更好的参照和安全保障。

图 3-12 海普瑞大盘走势

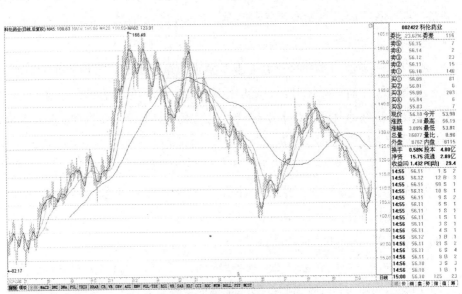

图 3-13 科伦药业大盘走势

图 3–14 马应龙大盘走势

第四节 企业分红对估值的影响

企业账上出现了净利润，表明企业具备创造价值的能力。只有将净利润进行分配，股东才能通过企业获得实实在在的收益。对净利润进行分配的过程我们称为分红。作为一种"可兑现"的退出形式，分红是对股东投资的一项重要的保障，因而分红对股东来说，直接意味着价值。

一、分红方式

上市公司的分红主要有两种形式：一是现金分红；二是股票红利（送股）。

现金分红就是企业将利润的部分或全部以现金的形式，直接按持股比例发放给所有股东。在沪深两市，我们习惯把现金分红称为"派现"。比如，某上市公司的年度分配方案为 10 派 3（含税）（税后派 2.7），意思是每 10 股派送 3 元现金，但扣掉 10%的税后，你可以净得 2.7 元。现金分红是股东最喜欢的分红方式，是自己的投资得到了回报，这种喜悦溢于言表。由于分红之后，企业仍然保持了原有的盈利能力，因此，未来仍然具备再分红的基础。

股票红利即所谓的送股，其本质是股票的分拆。提到送股，容易使得很多尚未入门的投资者误以为是得到与自己原来持有股票等值的额外股份。比如，某企业的年度分红方案为：10 送 10，即每 10 股送 10 股。那么，假设你原来的股价是 20 元，10 送 10 之后，你的 1 股 20 元的股票变成了 2 股 10 元的股票，总市值是没有变化的。不要误以为是你有 1 股 20 元的股票，还可以再得到 1 股 20 元的股票。"送股"之后的股份数比原来增加，股价比原来同比例减少。以股价为 20 元的股票 10 送 10 为例，在股份数量增加一倍的同时，"送股"后的股价为 20 元 × 10 股 ÷ (10 股 + 送 10 股) = 10 元。

（注：关于分红派现转配股等股价折算方法，可以参考经济管理出版社出版的《新股民快速入门》。此书对这些最基础的入门知识进行了有序梳理和配合实战讲解，是初级股票投资者的首选股票辅导书籍。）

本人反对将股票分拆叫做分红，这纯粹是荒唐的画饼充饥。投资者自己要保持头脑冷静，这种股票分拆对股东来说本身没有任何价值，除非在拆股后企业的盈利获得长足的实质性增长。现在很多上市公司都喜欢玩这种令无知的股东欣喜的"分红方式"。还真有购买了不断分拆的股票的股民得意洋洋地在网上发帖炫耀："我将把这些股票保留到我 80 岁为止，随后经过上百次的股票分割后，我将要成为 CEO 了。"

二、分红比率

分红比率又称股息支付率。此处的分红已经将股票分拆排除在外，纯粹研究实际的现金分红对股东价值的影响。分红比率是向股东分派的股息占公司盈利的百分比。其公式为：分红比率 = 每股股息/每股收益 × 100%。此处，每股股息需要经过简单折算才能计算出来。比如股价为 10 元的股票分配方案为 10 派 3，此时的每股收益为 1 元，那么，每股股息 = 3 元 ÷ 10 股 = 0.3 元。当期分红比率 = 0.3 元 ÷ 1 元 × 100% = 30%。

对于分红比率，投资者不应该单纯地以分红高低来评价。这要视企业具体情况而定。

1. 持续稳定的高比例现金分红，会增强企业的价值和股东价值

股东获取回报最常规的方式就是获取分红，如果等待了一年，却没有得到任何红包，心里对企业不免产生不满和怀疑。持续稳定的现金分红，至少能够证明企业具备较强的盈利能力，能够稳定地为股东创造价值。企业的老板是股东，不把股东的情绪搞乐观，企业不可能有远大的前途。股东喜欢什么？分红。上市公司动辄几十万元、上百万元甚至上千万元的年薪，就是希望这些家伙能够使劲为股东创造财富，年年为股东发钱。那些长期坚持稳定地高比例地分红的股票，在市场上得到了广大投资者的追捧，企业的融资环境也大为改善。

图 3-15 双汇发展大盘走势

高分红的公司短期表现较好。企业的股息记录好的企业股价相对较高。

自 1998 年上市以来，双汇发展稳定地保持着每年分红的记录（见表 3-6）。

表 3-6 双汇发展的分红记录

分红年度	分红方案	每股收益（元）
2010-12-31	10 派 5（含税）（税后派 4.5）	1.7975
2009-12-31	10 派 10（含税）（税后派 9）	1.5027
2008-12-31	10 派 6（含税）（税后派 5.4）	1.1500
2007-12-31	10 派 8（含税）（税后派 7.2）	0.9272
2006-12-31	10 派 8（含税）（税后派 7.2）	0.7715
2005-12-31	10 派 5（含税）（税后派 4.5）	0.7200
2004-12-31	10 派 6（含税）（税后派 4.8）	0.5811
2003-12-31	10 转 5 派 7（含税）（税后派 5.6）	0.7702
2002-12-31	10 派 5（含税）（税后派 4）	0.5860
2001-12-31	10 派 1.28（含税）（税后派 1.024）	0.5830
2000-12-31	10 派 5（含税）（税后派 4）	0.5290
1999-12-31	10 转 3	0.5170
1998-12-31	10 送 2 转 1	0.3900

需要说明的是，一家企业真正形成稳定分红的时期，多数集中在成熟期。此外，公用事业和消费品等防御性上市公司，分红也相对稳定。

【警惕】：部分新股或次新股喜欢在股价大幅上涨之后，在业绩平平的情况之下大肆分红，接着就推出增发股票的方案，这是上市公司在"钓鱼"。上市公司利用股东对分红的兴趣，将高溢价发行股票得来的现金，拿出一部分做诱饵，推出分红计划，引诱投资者购进股票，股价会被维持在高位，高分红让人联想到企业经营有方，前景美好，纷纷参与增发。结果，增发过后，你会从巅峰一直摔到谷底。遇到这种情况，投资者要注意以下三点：

（1）上市公司的历史业绩情况是否优秀。不要听他们讲科幻故事，要看他们的财务报表，我们前面第二章讲述过。长期业绩不优秀却慷慨分红，要么有其他阴险的目的；要么就是透支长期增长的潜力。

（2）企业分红记录是否稳定和持久。公司前期非常吝啬，几乎没有分红记录，而突然推出令市场惊叹的分红方案，一般不太正常。偶然性的事情，往往让人猝不及防。

（3）看市盈率情况。对于市盈率达到 50 倍以上的股票，企业的分红摊派到每股上究竟有多大，把这个数字与它们后续的增发方案进行对照，一目了然。比如，所谓的高分红摊派到你的股票上，每股折合 0.3 元，而增发价格是 30 元。很明显，这是一个箩筐套鸟的游戏。30 元的增发是一个大箩筐，0.3 元的分红就是箩筐下的诱饵鸟食，广大参与分红与增发的中小投资者，就是那些让它们（上市公司）垂涎三尺的笨鸟。

2. 缺乏分红回报的企业，关键看企业立场

合理的分配政策是大部分用于分红，少部分利润用于扩大再生产。若不分红，须有令人信服的理由。要让股东相信，现在不分红是为了股东更长远的利益，比如当前正是快速扩张的好时机，高速成长的企业往往不会将利润进行直接分配，而是投入到再生产中去，扩大经营成果，会为股东未来获取更可观的分红创造条件。不分红的最经典的例子就是巴菲特的伯克希尔·哈撒韦公司，从不分红，但是，股东们都充分信任掌门人巴菲特能够为他们创造更好的股东价值，高得惊人的股价是最好的证明。这家公司的股价近期一直维持在（每股）11 万美元以上，折合人民币 70 万元左右。有能力购买其股价的都是富翁。只要能够证明不支付股息的价值，股东也会理解。

图 3-16 苏宁电器大盘走势

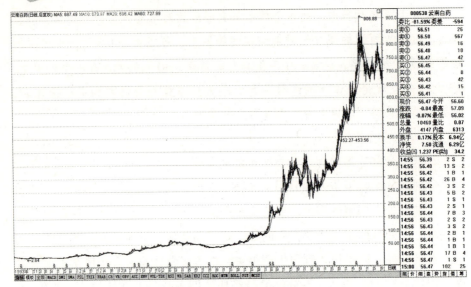

图 3-17　云南白药大盘走势

　　然而，遗憾的是，绝大多数极少分红或根本不分红的企业，要么缺乏真正的创造财富的能力；要么把自己的利益与股东的利益对立起来，忽悠股东。目前，中国 A 股中有相当多的上市公司就属于这种铁公鸡类型，只顾IPO上市圈钱不顾股东回报，严重透支市场的信用，成为制约股市健康发展的核心因素。

　　来看一组数据：从 2006~2010 年末上市公司分红看，上市时间超过 5 年且连续 5 年内从未进行过分红的公司高达 402 家；如将融资时间拉升至 A 股元年（1990 年），在 21 年中，A 股共融资 38170.69 亿元，现金分红为 16811 亿元，融资总额是分红总额的 2.27 倍。值得注意的是，由于市场普通投资者的持股比例大约为 30%，其实际得到的现金分红为 16811 亿元 × 30% = 5043 亿元。融资 38170.69 亿元，经过了整整一代人的等待，分红才 5043 亿元，用一句话来形容——吃的是奶、是血，挤的是草。圈内朋友曾戏称中国股市原来像是在搞"畜牧业"，先把股民养肥了再杀。而近几年却变成"屠宰业"，只顾一味地大小通杀，股市生态系统破坏严重。我们呼吁股市要休养生息，保持股市和谐与可持续发展。

任何一个大国的崛起都经历过一些蛮荒的年代，我们的资本市场能够用 20 来年的时间走过西方国家 200 年的历程，也终究不易，它毕竟也为中国经济发展提供了野蛮的生长动力，成为中国经济奇迹的一部分。我们坚信，未来是美好的。随着制度建设的推进，资本会更有效率地与产业进行对接，既为经济发展提供更强劲动力，又可为股东创造令人满意的回报，社会才更加健康和谐。借助于这个大国崛起的有利趋势，资本市场也会产生众多全球瞩目的超级巨富和传奇人物，这些人物有一个共同的特点——坚持价值投资。

第五节　无形资产对估值的影响

20 世纪初，美国福特汽车公司正处于高速发展时期，规模快速扩张，客户订单爆满，产品供不应求。突然，由于一台电机出了毛病，连带整个车间都不能运转，生产工作被迫全面停顿。公司调来大批检修工人和专家反复检修和察看，无果。时间就是财富，停一分钟，对福特来讲也是巨大的经济损失。焦躁不安的福特领导，急忙派专人请来著名的物理学家、电机专家斯坦门茨。斯坦门茨仔细检查了电机，然后用粉笔在电机外壳画了一条线，对工作人员说："打开电机，在记号处把里面的线圈减少 16 圈。"人们将信将疑地照办了，结果故障竟然彻底排除，生产立刻恢复了！

事后，斯坦门茨开出的薪酬要求是 1 万美元，并且列出了价格清单：画一条线，1 美元；知道在哪儿画线，9999 美元。福特公司很快支付了 1 万美元，并且重金聘用了斯坦门茨。值得一提的是，当时 5 美元就是令人羡慕的高工资了。

通过这个故事，您有什么感悟？不可替代的能力和智慧，才是获取财富的关键。

对于企业来说，不可替代的核心竞争力才是企业脱颖而出的关键。这些核心能力是基于企业内部的有实际价值的无形资产的充分潜能挖掘。什么是有价值的无形资产呢？企业管理层与员工的品德与能力、企业的股东背景、企业的各种资质、企业的供应商和渠道优势、企业的专利、品牌价值、企业的土地使用权等，这些无形资产虽然无法被准确量化，但是，却是一个企业真正实力的体现。拿破仑在他的仆人眼里，也不过是个普通的小个子主人，这并不是因为拿破仑不是拿破仑，而是因为，仆人就是仆人。仆人无法看到他平凡的体征下面，潜藏的无比强大的精神力量。企业也是如此，它真正的强大关键往往不是取决于有形的资产，而是取决于别人无法替代的核心能力和无形资产，这是一个企业的灵魂。

在目前的 A 股上市公司中，我们不难发现，优秀的企业都具备一项或几项核心的无可替代的能力。

依靠管理层的忠诚和勤恳努力：万科 A——王石团队；

依靠企业的股东背景：中国卫星——大股东航天五院；

依靠企业的各种资质：贵州茅台——国宴用酒；

依靠企业的供应商或渠道优势：苏宁电器——垄断供应商和渠道资源；

依靠企业的品牌：青岛海尔——品牌营销深入人心；

依靠企业的专利：云南白药——国家绝密配方；

……

（注：以上案例为历史表现，不作为直接买入股票的依据。）

我们在分析有形资产对上市公司业绩保障的同时，也要充分认识到，无形资产对于业绩的持久、稳定和高速增长起到了不可替代的作用。忽视了这些因素，就无法准确地把握一个企业的未来。寻找伟大的上市公司，就要深入地了解它们不可替代的核心竞争力和无形资产的潜在价值。

第六节 流通性对股票估值的影响

价值投资就是物美价廉可兑现的投资。兑现的方式除了能够获得分红之外，股权转让也是一种极为重要的退出方式，甚至可以说是主流的退出方式。那么，股票的流通性就对股票的顺利转让起到了关键作用。假如你在原始森林中迷路，试图用一台先进的笔记本电脑换取根本不识字的原始部落人的食物，你觉得你的笔记本的价值会合理兑现吗？如果同样的交易发生在大都市的电脑交易市场里呢？

任何一个企业都不可能永远处在鼎盛时期，当我们持有一家企业的股票并在其鼎盛时期获取了大量分红之后，我们会考虑在企业衰退迹象出现时尽快退出，以便最大化地保存所持股权的价值。因为随着时间的流逝，企业价值可能也在逐步下降。如果你的股权挂出去转让，半年都无人问津，半年之后，你的股权价值可能已经出现大幅缩水。所以，股票的流通性对于股票估值也是有影响的。

价值投资者此处研究流通性并不是传统意义上的供求关系研究和博弈研究，而是以最大化和快捷化实现价值的途径研究。对于流通性较好的股票而言，投资者在退出时可能不会费尽周折，其持有的股票价值能够快捷兑现，而对于流通性欠佳的股票而言，其价值兑现就要靠天吃饭了——股价上涨，减持时还能保持价值实现的最大化，而一旦价格不景气，你会被夹在抛售的人群中束手无策，时间久了，企业的价值可能就发生了变化。建议投资者在选择转让股票之前，就要对股票的流通性深入研究，不要等待企业出现明显的衰退了，你才想到和大家一样减持。学习犹太人，在企业高速成长期就高溢价转让，这个时候的流通性还是可以满足你的价值兑现要求的。2007年，在巴菲特抛售中国石油之后，股价仍然出现了大幅上涨，当时很多人都在嘲笑巴菲特"廉颇老矣，尚能饭否？"然而，中国石油之后几年的走势清楚地告诉大家，巴菲特非常清醒，他当时知道要想让自己持有的大量股票快速兑现，就一定要在流动性保持活跃的时候，而不是到了价格最高却无逃生机会的时候。

那么，当我们兑现的时候，我们最终将股票卖给谁了呢？答案是，卖给了那些盲目乐观而且不懂估值的人，卖给了那些纯粹的赌徒。图 3-18 为价值投资者利用流通性兑现的示意图。

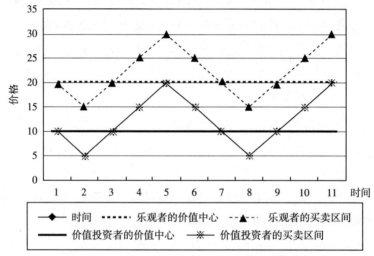

图 3-18　乐观者与价值投资者的交易区间示意图

两条平行线中上面一条是乐观者和赌徒认为的价值中心线，底下一条是价值投资者的价值中心线，价值投资者在抛售时，乐观的赌徒还以为有更好的上涨空间，所以就会买进。可见，保持适度的悲观是有必要的和安全的。

第七节　资产重组对估值的影响

在资本市场上，表现最耀眼的股票常常来自资产重组。普通投资者由于缺乏对资产重组的认识，以及对资产重组产生的企业价值变化无法做出合理估算，因而纯粹是闻"重组"风而动，无形之中自己或许也就陷入盲目跟风和赌消息之类的漩涡之中。资产重组并不神秘，用普通的商业视角足以判断其价值演化。

重组的本质仍然是一种商业交换，对股东来说，唯一感兴趣的就是，这种交换结果究竟是增加还是减少自己的利益（利益输入还是利益输出）。这相当于你给保姆 100 元，让她去给你买菜。如果保姆花了 100 元，就买回来一个鸡蛋，说明她在进行利益转移，对你不利；如果她只花了 20 元，就买回一大堆新鲜蔬菜，而且都是你喜欢的，那么，这个保姆就是实实在在地为你的利益着想，她从事的交易对你有利。同样，你家里的旧家电需要处理，本来值 1000 元的东西，她却只给你拿回 100 元，她在做对你不利的交易；而价值 1000 元的旧家电，她却给你拿回来 1500 元，你的保姆对你很忠诚，这种交易对你有利。别让那些密密麻麻的文字把你的头脑搞昏，你只需要将资产重组与下列四组情况进行对号入座，就能够清楚地判断资产重组对于你来说意味着什么。

A. 以较低价格收购超值优质资产，增加股东价值。

B. 以超高价格收购不良资产，减少股东价值。

C. 以较高价格出售不良资产或非主业资产，增加股东价值。

D. 以较低价格出售优质资产，减少股东价值。

为了让大家能够更好地理解上述四种情况，我们来举例说明（以下举例基本引用自媒体的公开报道）。

A 种情况（低价收购超值优质资产）举例：兖州煤业

长期以来，兖州煤业坚持以较优惠价格在海内外兼并收购煤炭等优质矿业，大大拓展了企业自身的资源储备和盈利能力。从长远来看，增加了股东价值，其股价在过去 10 年左右时间，涨幅接近 100 倍（还没有计算历年的分红收益）。下面是 2011 年 11 月 10 日《上海证券报》的一则报道：

发力海外 兖州煤业（600188）2.6 亿美元收购加拿大钾矿

继在澳大利亚初步建立煤炭业务发展基地后，兖州煤业又将目光瞄向大洋彼岸的加拿大钾矿资源。

兖州煤业今日发布公告称，公司于 7 月 18 日分别与加拿大德文涅钾肥公司、北大西洋钾肥公司签署了《购买协议》，随后于 9 月 22 日指定全资公司兖煤加拿大资源有限公司，修改并执行该协议，约定由兖煤加拿大公司出资 2.6 亿美元收购加拿大萨斯喀彻温省 19 项钾矿资源探矿权，分别从德文涅和北大西洋收购 11 项和 8 项钾矿探矿权；截至 9 月 30 日，本次交易已获得中国和加拿大政府主管机关批准，兖煤加拿大公司已完成探矿权变更登记程序。

对于此次交易，兖州煤业董事长李位民表示，公司非常看好钾肥产业和钾矿资源价值，并认为这是一个充分利用采矿专业优势和促进公司提升盈利能力的机会。加拿大拥有储量丰富的钾矿、煤炭等多种矿产资源，在加拿大设立平台公司，可发挥兖州煤业在地下资源的地质勘探、立井建井、开采等方面积累的经验和技术优势，符合兖州煤业国际化发展的战略要求。

据公告，该地块面积共计约 5363.84 平方公里，全部位于享有"世界钾矿之都"之称的萨省。据悉，该省拥有的钾矿资源总储量约 800 亿吨，占全球一半以上，是加拿大的主要钾矿开采和钾肥生产基地。萨省共划分了 180 个区块的钾矿资源探矿权，近年来已被必和必拓、力拓、俄罗斯阿康公司等跨国公司瓜分完毕，政府政策显示不会再新增探矿权区块。其中，北大西洋的控股股东是世界第二大 NPK（氮、磷和钾肥）生产商俄罗斯阿康股份有限公司，该公司及其关联公司德文涅公司于 2008 年在萨省获得了 30 余块钾矿资源探矿权，近期因在乌克兰的在建化工项目以及在萨省与力拓合资的钾肥项目勘探的资金需求，才出售其持有的 19 项钾矿区块探矿权。

公司此次拟收购的钾矿许可区块相对集中，面积大、品位高、储量丰富，有资质的专业机构预计总潜在资源量不低于 397.6 亿吨。根据目标区块的资源和开采条件，初步推荐 6 个区块作为开发区块，预计钾矿建设生产规模可达 400 万吨/年。据花旗银行保守预计，如果能够顺利开发出其中的一个区块形成 200 万吨/年的能力，即能很快收回全部投资。

　　虽然预计该地区含有丰富的钾矿资源，但需要在交易完成后深入开展勘探工作，才能按照国际公认储量报告原则编制钾矿资源量和储量的准确评估数据。兖州煤业董秘张宝才在接受记者采访时表示，公司将尽快投入资金开展前期的补充勘探，尽早获得符合国际矿业评估准则并被业界广泛认可的第一手地质资料，积极推进探矿权向采矿权的转化。"未来会采取不限于、不排除引进战略投资者，以及有选择性地开采、部分出售等多样化的、合理的最佳处置手段，追求投资利益最大化。"

　　如果进行深入勘探后，确认这些钾矿资源的真实性，那么，无疑这是一笔很划算的投资。如此丰富的储量资源，在严重缺乏钾肥的中国，不愁没有销路和利润。此种收购基本可以归结为超值收购，对股东无疑是有利的。

图 3-19　兖州煤业大盘走势

B 种情况（高价收购不良资产）举例：海虹控股、长江电力

1. 海虹控股

2002 年，海虹控股的预付账款从上年的 1.14 亿元上升至 1.77 亿元。海虹控股称，这是为收购河南建业投资管理有限公司（下称"建业投资"）60% 股权，于 2002 年 12 月 23 日预付收购股权款 1.18 亿元所致。

建业投资是一家亏损企业，净资产仅 0.79 亿元，相对应的 60% 股权账面价值仅有 0.48 亿元，而海虹控股对其的收购价格却高达 1.80 亿元。在收购协议签署后，海虹控股迅速将 1.18 亿元资金以预付款的名义支付给转让方，但如同上述收购绍兴兴虹股权一样，建业投资的股权也迟迟没有过户给海虹控股。

2003 年 7 月 2 日，海虹控股以建业投资存在延期或无法收回租金的可能作为理由，终止了对建业投资 60% 的收购。令人意想不到的是，仅 1 天之后，建业投资 100% 的股权被转让给了华联股份（000882），而转让价格仅为 0.81 亿元。

建业投资 100% 股权的实际转让价格仅有 0.81 亿元，海虹股份却以 1.80 亿元的价格收购其 60% 的股权！从该项股权迟迟不过户的转让过程来看，海虹控股受让股权是虚，而以受让股权作为借口，以预付转让款的形式将资金提供给他人使用是实。

2. 长江电力

2011 年 9 月 29 日《时代周报》报道：9 月 15 日，长江电力以临时股东大会的形式，通过了收购大股东中国长江三峡集团（以下简称三峡集团）地下电站的方案。按照方案，长江电力将耗资 120 亿元，收购大股东三峡集团旗下的地下电站 6 台机组。投产后每年将实现净利润 96 万元，增加每股收益 0.0058 分。

中小股东却极为不满，认为高溢价收购损害了长江电力及他们自身的利益。"如此慷慨的大手笔，明显是赤裸裸的利益输送。"投资者在长江电力股吧里表示。"收购价格比较高，但利润增长空间有限，因此才会被认为其中涉及利益输送。"国内一大型券商研究人员向《时代周报》记者分析。

高价收购不良资产，就是将股东的财富向外输送。对于这种情况，你只能在股东大会上（或网络上）投票否决。另外一种否决方式是卖出股票。

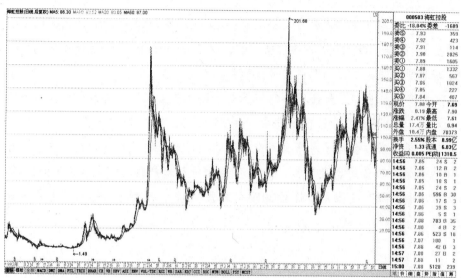

图3-20　海虹控股大盘走势

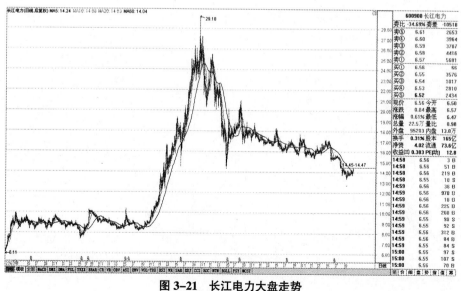

图3-21　长江电力大盘走势

C 种情况（高价出售不良资产或非主业资产）举例：金种子酒

2010 年 7 月 10 日上海证券报报道：

金种子酒今日发出公告，公司与控股股东金种子集团签订了《股权转让协议》，拟以 8055.83 万元的价格将实际持有金种子房地产 98.16% 股权转让给金种子集团，从而全部退出房地产业。

投身地产多年后却不得不退出，对于金种子酒来说实属无奈。金种子房地产于 1999 年成立后，仅开发了"太阳城小区"和"龙都小区"两个项目。最近三年以来，金种子房产公司没有新的房地产开发项目，收入主要来自上述两个原有项目的尾盘销售。2009 年金种子房地产实现营业收入 830.03 万元，净利润-82.35 万元。截至 2010 年 6 月 30 日，金种子房地产已无任何待售房源。

金种子酒出售非主业资产，本身就是一件值得称道的事情。不过，从此项房地产盈利能力欠佳，能够以 8000 万元的高价出售，也算是对股东负责任。

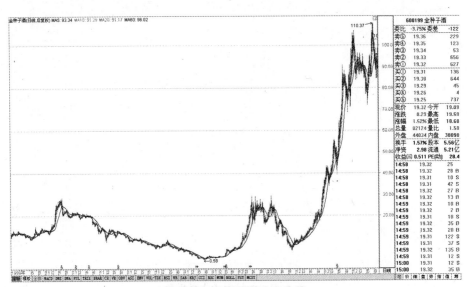

图 3-22 金种子酒大盘走势

D 种情况（以较低价格出售优质资产）举例：通化东宝

2011 年 3 月 5 日经济观察报报道：

通化东宝 3 月 1 日的公告披露，根据甘李药业有限公司上市要求，依照保荐机构关于消除同业竞争的建议，公司拟将公司所持有的甘李药业 29.43% 的股权转让给甘李药业其他股东一致认可的第三方。转让金额为不低于人民币 4 亿元。转让后，公司将不再持有甘李药业股权。

甘李药业研制人工胰岛素（即第二代胰岛素）成功后，将该专利卖给了通化东宝，随后 2004 年带领团队到北京，最终研制出第三代胰岛素，并建立了甘李药业有限公司，通化东宝也对甘李药业进行了投资，并成为前者吸引投资者的最大亮点。

截至 2009 年，国内胰岛素类药物的销售规模就已经达到 60 亿元。

上海知名私募人士扬韬指出，股价波澜不惊的背后，是通化东宝的胰岛素销售一直没有打开局面。产能从 200 公斤扩大到 3000 公斤，业绩竟然没有什么增长。而就在企业利润陷入盘局的时候，公司扶持的甘李药业却逐渐向好，2008 年亏损、2009 年净利润 1460 万元、2010 年净利润 3592 万元。通化东宝去年前三季度的胰岛素净利润也不过 4000 多万元而已。

2009 年底，通化东宝还持有甘李药业 40.87% 股权。但在 2010 年 5 月，甘李药业引入战略投资者，启明创投对该公司的投资金额超过 1 亿元人民币。通化东宝对其持股也缩减至 29.43%。实际上，此前市场一直憧憬的是通化东宝通过定向增发收购甘李药业的剩余股权。

……

将公司的优质资产以较低的价格卖掉，无疑是掏空上市公司资产，转移股东财富的行为。

以上四种情况基本上能够对资产重组的利益流向做了概括。资产重组的利益流向主要是通过价格与价值的差异方向来表示的（特别注意这一点）。投资者在对上述四种基本情况进行分析的同时，投资者在应用中应学会举一

图 3-23 通化东宝大盘走势

反三。其实完全可以衍生出其他的分析：

（1）不良资产亏本卖掉也是合理的。优质资产适当溢价购买也是合理的。

（2）更具有欺骗性的是，以远超实际价值的价格购买优质资产或以远低于实际资产价值的价格抛售不良资产或非主业资产。比如很多上市公司喜欢宣传的注入优质资产，如果注入优质资产的价值是 1 亿元，而上市公司的购买价是 5 亿元，那么，这仍然是变相的利益外流。要防止这招"美人计"。

（3）关于公司的增发也可运用上述方式进行验证。比如在购买优质资产的时候，如果是以超低价（大幅低于市价）定向增发的方式融资的，那么，就说明利益在向定向增发的参与者流动，上市公司的原有股东的利益被侵占。反之，购买优质资产的时候，如果定向增发是以超过市价的价格完成的，那么，说明企业充分考虑了原有股东的利益。

对于定向增发收购资产，你要考虑两个层次的问题：①收购或投资的资产是否物有所值；②是否大家以公平的出资实现收购。低价定向增发，意思是参与定向增发的人以比你更便宜的价格购买了与你同样的资产。当然，如果向所有原股东增发，价格较低的话，你是有必要参与的。前提还是，所收购的资产是优质资产。

（4）过快的大量收购，往往潜藏着危机。资产重组不是搭积木，只有发挥"1+1＞2"的效果，才是有长远价值的。急风暴雨式的收购，往往对被收购对象缺乏深入的认识和了解，花了高价收购了一些不良资产。除此之外，即使是收购了优质资产，也需要进行充分的内部整合消化，才能发挥更好的协同作用。

第八节　认股权证、可转换债券对股票估值的影响

一、认股权证

认股权证是在一定时间内以特别约定价格购买某种股票的权利。权证的本质类似于特权证，比如军人护照、记者证、残废证等，凭借这些证件可以在乘坐飞机、火车等交通工具时，享有特殊价格优惠。

1. 权证价格对于股票估值的影响

持有认股权证的投资者往往会不断要求公司对自己的认购价往下调整，这也就是将特权扩大化。特权扩大化就意味着对公众利益的损害，除了制造出市场价值幻觉之外，发行大量的股票期权起不到什么作用，只会使得情况更加复杂。认股权证的认股价格越低，而其取得的股票却与其他普通股每股权利相同，这实际上就是稀释其他股东的股权，侵害他们的利益。比如权证价格为1元，约定认股价格为10元，则你如果实际认股的话，相当于1+10=11元购买了该股股票，如果此时股票的价格为15元，那么，你就可以直接卖掉，净赚15-11=4元。此时，对于买入权证并且选择的人来说，权证是有价值的，我们称为价内权证。但对原有股东来说，发行大量低价认股权证意味着自己相关股票价值的减少，对股东利益形成间接侵害。仍然假设

权证价格为 1 元，约定认股价格为 10 元，而此时股价却只有 8 元，那么，如果行权的话，你的总买入成本是 1 + 10 = 11 元，而你的卖出价却是 8 元，那么，你将会亏损 11 - 8 = 3 元。这个时候，一般的权证持有者会选择卖出权证，而不是选择行权。此时的权证实际上是没有价值的或者说是负价值的，我们称为价外权证。此时，只有智商为负数的人才会选择行权。这种情况下，对于原有股东来说，股票的价值没有受到影响或者获得了部分有利影响（行权者送红包）。

2. 企业通过权证实施内外部激励对股票估值的影响

权证还可能将产业链上下游客商形成利益联盟，对企业价值和股票价值产生影响。假设认股权证市价是 6 元，而发行价格是 1 元，中间就有 5 元的差价收益。如果将认股权证发行给上下游厂商，他们就可以从认购权证中获取这部分差价利益。当然，权证不是白送的，还需要再达成私下协议，让上游厂商低价供应原材料，下游客户高价购进本企业产品，则企业毛利率将大幅提升，每股收益大幅增加进而带动股价的上涨和认股权证的价格上涨，上下游厂商因此获利更大，合作更加紧密，形成良性循环。但是，如果企业不是基于自身整体实力的增强，而纯粹玩弄权证，在不利时期也会伤及自身。

权证还有一个更为流行的应用，就是对管理层的股权激励。近年来，上市公司流行使用权证来激励高管的劳动积极性，以期改进企业经营管理，创造令股东满意的业绩。股权激励计划本身是协调股东与管理层利益的有效方式，但它的采用需要有两个前提：一是企业的管理层值得股东采用股权激励的措施。如果管理层 10 年以来根本就没有迹象能证明他们会改变企业，采用股权激励等于对牛弹琴。二是股权激励的设定要充分考虑到股东的利益，不能门槛条件太低，实现太快。否则管理层很快兑现收益，也就没有与股东同舟共济的强烈意念了。当你看到上市公司在推出股权激励计划时，你首先要检测他们是否达到了这两个前提。我们不排除相当部分上市公司股权激励设定门槛太低，激励了不该激励的人，实际上是对管理层的利益输送。

二、可转换债券

可转化债券是指其持有者可以在一定时期内按一定比例或价格将之转换成一定数量的另一种证券的债券。可转换债券从本质上说是在发行公司债券的基础上，附加了一份期权，并允许购买人在规定的时间范围内将其购买的债券转换成指定公司的股票。从其本质不难看出，持有可转换债券的人具有两种权利，一是持有债券保本付息；二是转换成股票，获取资本收益。由于具备了转换的价值，债券发行人也就不会再提供与其他债券同等的利息，所以，通常具有较低的票面利率。

可转债的债券与股票期权混血儿的特点，使得它获得了独特的优势。关注债券的人和关注股票的人都容易对可转换债券产生兴趣。一些大型金融机构手握重金，但由于制度限制不允许直接购买股票，他们就可以大量购买可转换债券，实际上是通过可转债这条与股票求偿权相通的"暗河"，获得参与股票的权利，从而获取更大的获益机会。可转换债券的利息收益一般很

图3-24　四川长虹大盘走势

低——设计这一要素的目的，是为了抵消债券持有者所拥有的优先求偿权。

可转换证券作为一种新型的融资方式，其发行一般与公司的兼并收购相关。兼并收购的直接结果是利润的增加，利润增加会刺激股价上涨，这会使你对公司管理层的经营能力充满憧憬。但是，随着转换权的不断增加，普通股当期和未来的实际利润实际上会被稀释。

"综合性大企业"一直喜欢玩弄可转换证券的花招。

四川长虹 2009 年 7 月发行了 30 亿元认股权证和债券分离交易的可转换公司债券，随债附送 5.73 亿份长虹 CWB1 认股权证，长虹 CWB1 从 2009 年 8 月 19 日起上市交易直至 2011 年 8 月 11 日，最高价曾达到 3.56 元，最终以 0.863 元的价格谢幕。在可转债"赠送"的 5.73 亿份长虹认沽权证中，有 565295557 份长虹 CWB1 认股权证成功行权，占权证总数的 98.66%，为四川长虹（600839）募得 29.49 亿元资金。

第九节　融资成本和管理对股票估值的影响

上市公司的融资形式较多，传统的融资形式主要有债务融资、股权融资。针对这两种常规的融资形式，我们来分析企业的融资成本与管理对股票估值产生的影响。

一、债务融资成本与管理对股票估值的影响

上市公司发行债券和从银行贷款融资，都属于债务融资。这些融资方式都会牵扯到利息成本。债务融资对股票估值的影响，是通过影响企业资本（资产与负债）结构来实现的。由于债权人（企业债权持有者或银行等）和

股东都是基于同一个企业来分享各自不同形式的收益，因而他们的利益也会产生内在关联，既有利益的相互依存也有利益的相互竞争关系。

债务融资成本过高，而且债务融资比例过高，我们前面讲过，这属于投机性的资本结构。如果利息总成本高过企业所投项目的盈利总额，那么，企业的经营成果更多的是向债权人倾斜而不是向股东倾斜，债权人与股东的利益形成了直接的竞争关系——不是你赚钱，就是我赚钱。而债权人又具有优先求偿权，那么，大量债务融资成本实际上是摊到了股东们的头上，这实际上是在减少股票的价值。反之，如果企业债务融资比例适当，利息总成本能够控制在一定范围内，企业的投资回报率又远高于利息率，那么，企业利用适当的资本杠杆既可以实现债权人的财务目标，又可以为股东提供更好的盈利，此时，这种资本结构就可以使得债权人和股东产生了利益相互促进的关系。可见，债务融资的比例和成本对于股票价值有两个方面的影响。

二、股权融资成本与管理对股票估值的影响

股权融资在当前的市场环境下具有融资量大的特点。企业现在挤破头都想 IPO 和进行股票增发，就是基于这个原因。融资的成本和管理质量会对股票价值产生影响，投资者认购股份前须要"约法三章"：

1. 企业应以合适的成本支出获取企业实际的所需资金

企业股权（发行股票）融资都会有各种发行成本。最主要的发行成本就是投行的保荐承销费用。近年来承销费用大约为 5%。一般投行的默认行规是，对计划内募集资金收费 3%~5%，而对超募资金部分收费则达到 6%~8%，超募越多，券商分成也相应水涨船高，有的发行成本居然占募集资金的 15% 左右。超募资金成为投行赚取超额保荐费用的重要途径，因此新股价格普遍高企也就不难理解了。

理性的投资者要冷静考虑：①支付这么高的发行费用，股东会得到什么回报？对上市公司来说，高额发行费用可以刺激券商歇斯底里地鼓吹，从而完成超额融资。但超募资金一般都意味着超出管理层的管理能力，后续的管

理质量难以得到保障。股东的利益保障呢？②真正具备实力的企业，有必要花费这么高的广告费用（发行费用实际上就是股票推销和宣传费用）吗？常规的逻辑是，优秀的企业本身就会得到很多投资者的青睐，他们不需要缴纳高额费用来做过分的宣传和促销，高额的宣传费用正说明了企业可能有一些潜在的隐忧或者价值误导。他们兜售的矿产龙头实际上可能连"地上的洞口"都不算，他们鼓吹的新领域龙头可能根本就是个老掉牙的传统行业跟随者，略有商业常识者一眼就能看穿这些伎俩。但是，我们特别提醒投资者，有一种促销方式令人防不胜防，那就是选择一家具备相当竞争力的真实企业，将它的售价大大地抬高至公平价值以上的水平。这一阴招，既能遵守法律，又能打动一般投资者从而大肆剥削公众利益。最典型的就是高盛集团鼓吹和兜售中国石油。这家公司的实力的确强大，但是上市发行价格远远超越公平价值。鼓吹手和承销商高盛集团却赚得盆满钵满，给中国股民留下了一条长长的伤痛。

图3-25　中国石油大盘走势

　　企业要上市融资，最根本的是在企业经营良好的情况下，以合适的发行成本获取企业投资所必需的项目。融资不足具有瑕疵，利用高额发行费用支出剌激券商完成超额融资，也是过犹不及。当然，由于企业自身的优秀经营和雄厚实力，而非券商过度促销形成的超募是可以接受的，这主要是股东们自愿的，而不是被误导的。

2. 企业对所有股东的投资负责

拿了股东的钱，就要为股东的财富负责。这既是职业道德也是应尽的义务。花了什么钱，干了多少事，是要跟股东交代清楚的，别拿股东的钱开玩笑。只顾上市圈钱（股权融资），不顾股东利益（资本回报）的上市公司，是永远不值得信任的资本贼人。投资者应该跟他们划清界限，让他们得逞就意味着你要遭殃。东郭先生和狼的故事不应该在资本市场重演。有些上市公司高管居然笑称，股东的钱是免费的不用还的。我认为，这种癫狂是由所有股东的对自己的不负责任造成的。股东们应该坚决捍卫自己的利益，联合起来，让那些不负责任的家伙卷包滚蛋。只有股东们切实行使自己的权利，才能够有效捍卫自己的根本利益。枪杆子底下出政权，一点都没有错。当然，还有一种更直接的方式可以让你和那些不负责任的上市公司划清界限，那就是抛售他们的所有股票，从此再也不听他们天方夜谭的股票促销故事。资本追逐利润是天性，没有回报一切免谈。

中国的股市不景气不是大量 IPO 决定的，关键原因在于以高额的价格发行了大量缺乏真正竞争能力和不注重股东回报的上市公司。如果发行的企业都是具备强大核心竞争力的企业，而且非常尊重股东的利益，再多也无妨，这不但会为股东带来实质性的利益增长，也会带来整个资本市场的繁荣和国家实力的增强。当务之急，是对上市公司的质量进行严格把关，对其发行价格实施深入的调研和论证，防止暗中利益勾结侵害股东的行为。

在确定上市公司把你当做上帝之前，捂好自己的钱袋子。

3. 股东之间的利益博弈是否有利于自己

这个主要是针对低价定向增发而向少数利益关联者提供利益输送现象的。部分上市公司以定向增发为烟幕弹掩护利益输送，并不是新鲜事物。

对参与定向增发的人而言，定向增发是一个诱人的馅饼，已经成为机构投资者竞相参与的淘金模式。

例一：中信证券

2006年6月，中国人寿以每股9.29元独揽中信证券5亿股增发，在不到一年的时间中信证券的股价大涨5倍，46亿元的投资带来了200多亿元的收益。

例二：新希望

2011年1月，新希望在资产重组中，收购六和集团等四家公司资产时，采用了资产置换和定向增发的融资方式。定向增发9.053亿股的价格仅为每股8元，而当时的股价为20元以上。账面盈利近3倍。

图3-26 中信证券大盘走势

图 3-27 新希望大盘走势

　　由于定向增发不是针对所有股东，而是只针对少数利益相关者，因此发行价格大幅低于市价，其实就是对原有股东的股权形成稀释。对于原有股东来说，你要谨防上市公司超低价定向增发。当然，如果是向所有原有股东低价增发，原股东则可以参与，以保持自己的利益不被稀释。

本章小结：

　　股票估值作为股票交易的核心环节，对投资质量和业绩起着相当重要和直接的作用。了解了估值的前提，我们就不会粗放地进行估算，提高了估值的针对性和灵活性；市净率、市盈率等相关估值方法的深入介绍，可以让投资者认识到估值的思想真髓，实战价值重大；对估值的影响因素的讲解，可以让投资者了解很多估值的主要细节，从而更加动态和深入地了解估值。

　　最后强调，估值的核心不是数学计算，而是判断企业的各种内外部条件对投资的保障力度。

第四章 超级牛股的选股方法

本章导读:

　　每个价值投资者都很清楚,唯有打几次大决战和歼灭战,才能从根本上实现决定性的成功。最成功的价值投资专家,其一生的成就主要都是归功于几次关键性的重点投资,这些投资都无一例外地准确抓住了动辄上涨几十倍的超级牛股。投资者要想扭转乾坤,就必须下定决心打大决战,找到超级牛股。在 A 股市场中,10 年甚至 5 年之内上涨 10 倍甚至百倍以上的股票也并不是难以寻觅,它们共同存在某些独特的规律和特点。找到它,抓住它,掌握它。盯住大猎物,勿为小猎物乱了阵脚。我们感兴趣的,并不是股票涨停,而是股票涨个不停。

第一节 长在希望的田野上:巨大的市场,卓越的品牌

　　虎踞雄山,龙潜深潭。这是最基本的常识。

　　股票的本质是商业投资,选股在相当程度上即选择潜力巨大的优秀企业(除了选企业还有其他方面,后面会介绍)。这些优秀企业首先要具备一个条件:巨大的市场,卓越的品牌。

一、巨大的市场

商业的根基在市场，市场空间是企业未来成长的极限。因此，企业的潜力最基础的保障就是企业所处的市场空间要足够大。企业的市场空间取决于以下几个关键因素：

1. 具有消费传统和习惯的市场

比如酒、药等，每个人都在消费和埋单，这就保障了上市公司的业绩。再过 10 年，人们的消费习惯和传统大致变化不大，市场稳定性良好。对于这些与消费相关的企业，其业务一定是简单易懂的，也就是企业要做大，其产品的销售就一定非常广泛。如果一个企业的产品或服务都不能够深入大街小巷，使人耳熟能详，说明它本身还是不够强大的。业务越简单才越是真实的，真正强大的上市公司一定在你的身边，而不是在纷繁的财务报表中。

中国人对白酒的传统习惯就孕育了贵州茅台、五粮液、泸州老窖、山西汾酒等众多优秀企业；而人们对于生病的治疗都要依靠药物，所以药业也有着持续的市场潜力，恒瑞医药、云南白药、东阿阿胶、华润三九、马应龙等企业得以在这个巨大的市场空间内蓬勃发展。

2. 正在崛起的行业市场

在一个国家或地区，根据其自身的特殊情况，总会有一些行业市场处在崛起之中。美国在 1933 年金融危机以前，重工业崛起，诞生了大量能源、钢铁、铁路等大企业。1970 年以后，美国启动了硅谷模式，全力发展高新技术产业，信息技术和网络技术领域市场空间骤增，出现了微软、思科、苹果、谷歌等超级企业。投资者应该通过仔细观察，发现和抓住时代发展的潮流。

中国在改革开放以后，在中央正确方针的指导下，整个国家进入了飞速发展的时期。这个时期有几个明显的时代潮流和大趋势。

（1）国家机械化：大规模的基础设施建设催生了对机械的巨大需求，机械化就成为一种势不可当的潮流。在这个潮流中，诞生了三一重工、中联重

图4-1 山西汾酒大盘走势

图4-2 泸州老窖大盘走势

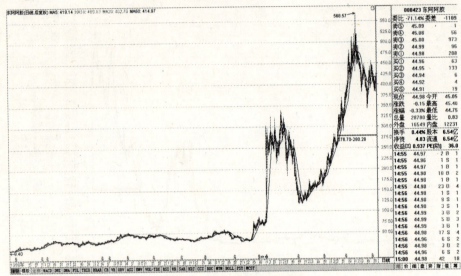

图 4-3　东阿阿胶大盘走势

科等实力雄厚的上市公司，它们的股价自上市后，都实现了百倍增长。三一重工实现百倍上涨的时间只用了 8 年。

图 4-4　三一重工大盘走势

图 4-5 中联重科大盘走势

（2）城市化：在改革开放后的大发展中，中国的农村人口不断地向城市聚集，城市化率大幅提高。城市将会在不久的将来容纳中国绝大多数的人口。在这个过程中，对于城市化建设提供的市场空间就非常巨大。当然，这个需求是分摊到很多细分市场和领域的，比如水泥行业的天山股份、建筑装饰行业中的金螳螂等企业发展迅速。

图 4-6 天山股份大盘走势

图4-7 金螳螂大盘走势

（3）全面建设小康社会：近年来，国家开启全面建设小康社会的里程，城乡居民对于生活质量提高的需求巨大，家电、购物等市场发展迅猛。空调龙头格力电器、家电卖场苏宁电器、都市名片王府井购物商场等上市公司超常规发展，它们的股价在10年间都有数十倍甚至百倍的股价上涨幅度。

图4-8 王府井大盘走势

从以上分析可以看出，唯有符合市场潮流的上市公司才能够具备足够的市场发展空间。违背这个潮流的企业，最后一定会落后甚至被淘汰。曾经盛极一时的四川长虹也是一家技术实力非常雄厚的企业，然而，违背了家电发展的新趋势，一场旷日持久的价格战把自己拖入深渊，现在仍然处在艰难的恢复期。在10年前，老式照相机流行的时候，乐凯胶片也经历了辉煌的时刻，但是，在数码相机出现以后，传统胶片市场急剧缩小，它们没有及时调整策略，被淹没在这个潮流之中。

在生存边缘挣扎的企业，不可能有超级牛股的潜力。

3. 企业的盈利模式是否具有市场垄断性

特别强调，企业的市场空间而不是行业的市场空间。这里有一个区别就是，企业能够在多大程度上保障行业的空间为自己所占有。企业如果能将行业空间垄断，必须具有以下专长：

（1）特许经营权。我们所指的巨大的市场是针对企业而言的，而不是针对所有同行业而言的。特许经营权就是设置高企业壁垒，让同行无法与之竞争，从而确保市场空间的独占性。例如航空市场虽然大，但竞争门槛低，没有几家真正走牛的股票。钢铁行业也是如此，同质化竞争严重，缺乏核心竞争力。而特许经营等形成的垄断优势，是难以被复制的，因此容易产生暴利，而且暴利一般会持续。20世纪80年代初，巴菲特就更加侧重于寻找那些有着特殊业务的专营权公司了，他看到了其中的价值。

垃圾处理中的桑德环境，污水处理与自来水供应中的兴蓉投资都属于特许经营权模式。

（2）上下游资源整合与垄断。上下游的资源整合与垄断，确切地说是盈利模式的创新。资源整合是为了突出自己的优势，而对产业链的另外一方形成强大的议价优势。这不是通过传统意义上的产品和品牌竞争来实现议价优势，而是通过上下游的利益联盟方式实现的。

包钢稀土整合了上游的资源和中游的加工环节，从而对下游的客户形成强大的控制力，牢固地把握着稀土价格的主动权。在新的稀土和加工企业联盟出现以前，暴利仍然是可以持续的。盐湖股份也做了资产整合，控制上游

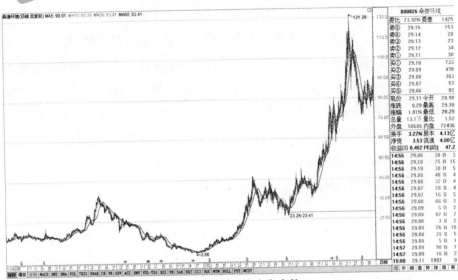

图4-9 桑德环境大盘走势

图4-10 兴蓉投资大盘走势

资源和中游加工环节，对钾肥销售价格形成了强大的议价能力和控制能力。

（3）不可替代的独特资源或能力。对于美国苹果公司来说，其各种创新成果和技术专利，使得自己的产品在全球范围内无可匹敌，这就是不可替代

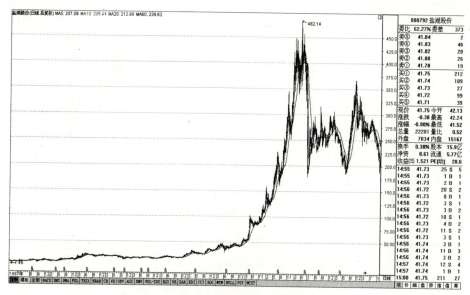

图 4-11　盐湖股份大盘走势

的能力。中国卫星凭借自身拥有的各种专利技术以及强大的研发团队，在卫星制造领域，无人能够撼动。这不是有钱就能干的活。市场自然是它自己独占。

在一个空间潜力巨大的市场里，企业才有可能成为参天大树。

二、卓越品牌的特质

品牌本身就是一种营销，它实际上是圈定潜在客户的无形工具。品牌是做出来的，不是喊出来的。卓越的品牌是由内而外使人信任的品牌；卓越的品牌就是让你产生条件反射，充满对产品或服务的向往。一旦这种反射强烈到消费者对它的价格毫不在意的时候，就说明销售已经是有确切保障的了。销售有保障，利润才可能有保障，利润有保障股东的收益才可能有保障，股价也才能有切实的保障。

图 4-12　中国卫星大盘走势

1. 业内第一名：行业就是我，我就是行业

请问：世界海拔第一高峰是什么山峰，世界第二高峰是什么山峰？我相信，您可以脱口而出世界第一就是珠穆朗玛峰。然而，对第二高峰，估计您还真没有什么印象（除非您是专门研究过这方面的）。这是绝大多数人共同的特点，这就是品牌的效应。第一就是最坚实的品牌和最好的广告。

在具备巨大市场空间的条件下，只要企业活干得漂亮，只要你是第一，那就不愁没有市场。行业第一的企业依靠自身实力而自然形成垄断，这就是卓越品牌的特点。

第一就是将品牌和市场需求进行绑定，行业就是我，我就是行业。喝水就是娃哈哈，牛奶就是伊利股份，假发就是瑞贝卡，红酒就是张裕，白酒就是茅台，房子就是万科，酵母就是安琪，等等。这样整个市场的空间才能被企业最大化地牢牢占据，从而为持续发展提供坚实保障。

假发行业龙头瑞贝卡把假发做到了全世界第一，消费者头脑中已经将假发和瑞贝卡认为是一回事了。

投资者应具有这样的常识，行业第一的市值从逻辑上说应该是市值最大的，否则就存在三种可能：一是龙头被低估；二是别的股票（同行）被高

图4-13 瑞贝卡大盘走势

图4-14 伊利股份大盘走势

估；三是在某些方面，昔日龙头已被同行超过，地位不保。那个时候，你需要重新审视谁是真正的行业第一。

只有第一，才不会被淘汰。这是市场的铁血法则。

2. 卓越品牌就是超越产品本身的价值

卓越品牌就是超越产品本身的价值，是对消费者的预售证。

产品本身无非就是成本，按照成本来定价的都是三流公司。最好的定价就是按照消费者的最大承受力定价，这就是卓越品牌。茅台绝对不是普通的酒了，而是一种场面，谈价钱伤面子。七匹狼绝对不是简单的衣服了，而是一种性格。瑞贝卡已经绝对不是简单的假发了，而是一种时尚美。

品牌是公司商业文化的沉淀，它仅仅依靠消费者对它的印象，就可以兑现相当一部分商品。它包含了消费者对产品性能和质量的认可度，对公司专业服务的满意度，更包括了公司诚信和融洽客户关系的认可。1848 年发源于老上海滩的老凤祥银楼，现在已经拓展到全国，基本上等同于金银首饰的文化代言，深受都市人们的喜爱。

图 4-15　老凤祥大盘走势

借壳中国铅笔后，老凤祥的业绩提升不断加快，股价犹如芝麻开花节节高。

选择市场空间巨大，品牌卓越的企业，实际上就是为公司获取利润找到和锁定了范围和目标，这就是保障。价值投资者对保障的切实需求是需要深

图4-16　七匹狼大盘走势

入企业内外的每一个方方面面的。价值投资专家喜欢寻求"特许经营"和卓越消费品牌的公司的股票，然后选择比较低的价格买入并持有。

第二节　暴利品质：高毛利率

我们不得不承认一个事实，天才具有与生俱来的特质，暴利的企业基本都有暴利的品质。与其看着平庸的企业用尽全力却无力回天地失败，不如让天才们连玩带闹地轻松鼓捣出一个伟大的企业。伟大企业几乎都具备一种相同的暴利品质：高毛利率。高毛利率意味着驾驭市场的能力是游刃有余的，同时说明企业掌握自主定价权和拥有核心竞争优势。

常规企业，毛利率一般都在30%以内。优秀企业，毛利率一般都在30%以上。

从公司定价权的角度来说，唯有掌握议价优势，企业才能拓展盈利空间，毛利率得以保障。最好的情况当然是企业具有完全的自主定价权，这就说明两点：①市场对企业提供的商品或服务是极其期待的，由于市场供应不足或缺乏替代品，而消费者对价格的敏感程度降低。比如，东阿阿胶的价格涨一倍，那些喜欢公司产品的消费者找不到类似的替代品，只有照单购买，企业赚钱更多。②定价不受国家行政干预。国家行政干预的多数都是基础性消费的公用事业，比如电力、供水供气、高速公路等，这些行业都牵扯到基础的民生，体现在老百姓的生活成本中，价格调整要比较柔和。为了百姓的生活安定，国家干预价格是非常符合民意的。产品或服务价格不受行政干预的企业集中在可选消费中，这些行业不是必要的民生基础领域，消费者是自愿可选消费，企业自身的定价问题也就较少得到干预。这个定价权主要体现在企业能够提供的优秀产品和服务，是市场欢迎的，消费者愿意主动埋单。比如旅游，这个不是民生必需。有钱、时间、精力的人都可以去旅游。四川的峨眉山以其独特的美景，吸引着来自海内外的游客，其门票和索道价格不断提高，然而，消费者仍然有增无减。为什么？峨眉山只有一个，关于峨眉山的人文历史、峨眉山的野生猴群和峨眉山秀美的风景，没有办法再复制。愿意享受旅游的人，不会因为价格上涨而放弃旅游。再如贵州茅台，价格一

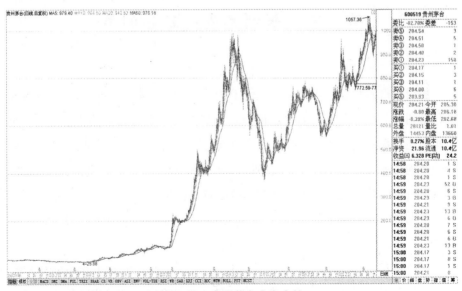

图4-17 贵州茅台大盘走势

图4-18　峨眉山A大盘走势

涨再涨，仍然供不应求，必然有自己独特的竞争模式，长期稳坐第一高价股的宝座绝对不是徒有虚名。毛利率高达90%以上，关键在于自主定价权。

高毛利率主要基于独特的行业属性或科学有效的盈利模式。中国酒类产业应该算是中国产业链最完善的行业之一，其行业的特点决定了这个行业整体上就具备较高的毛利率。而以美国苹果公司等高科技公司则在盈利模式上打破常规，取得了巨大成功。

暴利才会有牛股。企业如果不具备野蛮生长的能力，是不值得资本追逐的。

第三节　赢在帝国崛起之前：成长快，股本小

一、成长快如火箭

对投资者来说，最美好的前景取决于企业的高速成长。巨人的成长速度超越常人，超大型企业的成长速度也快于普通企业，一个超级大国的崛起，其成长速度也快于其他国家。这些规律和常识在启迪着投资者，唯有选择在企业初露锋芒的时刻果断下了重注，你才能赢得光明未来。

企业快速成长，一方面是指本身增长速度快；另一方面也要具备成长的高质量。

打上快车，才能更快地到达目的地。现代商战更加取决于速度，企业的每年利润增长如果再不能够超越 30%，那就根本谈不上优秀。卓越的企业甚至能够在一定时期内连续保持 50% 以上的增长。快速成长是一种趋势，即我们古人讲的"天时地利人和"中的"天时"。借助于这种有利的条件，我们才能更快地实现目标。对于企业来说，其股价最激动人心的时刻往往出现在企业成长最快的时候，这时的股价常常就如猴子爬杆一样地向上蹿，让人开怀。而一旦进入成熟期，股价就相对比较稳定，股价的增长就慢下来了。甚至企业的最高市值往往就出现在快速成长期，而不是成熟期。这种现象可以这样解释——人们对于企业未来的高预期促使人们奔走相告，不断追高买进，股价反而容易大肆飙升，市值升到最高。而一旦速度慢下来，即使业绩也比过去好，但是，人们因预期有落差而抛售股票，市值也就很难上去了。特别提醒：成长股的投资也一定要考虑估值水平，购买价不要高得离谱。

增长的高质量就是持续稳定性。这背后反映的是企业的盈利根基是否存在。利润的增长是持久稳定的，企业的未来价值才会比今天大。卓越的企业

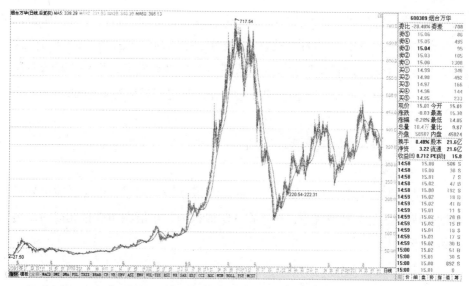

图 4–19 烟台万华大盘走势（财富神话是由卓越企业创造的）

高速增长的时间一般都在 10 年以上，每年至少平均保持 30% 以上的增长。持续性说明企业内在动力充足，并不是靠偶然的条件获利。而企业增长的稳定性，就更能体现企业自身的驾驭能力和控制能力，业绩波动过于频繁或幅度过大，都说明企业缺乏较强的控制能力。此外，投资者应该结合盈利质量分析，来把关企业增长的质量（第二章财务报表学习的时候，我们给大家介绍过企业盈利质量的相关内容，大家可以再作回顾）。

一般成长性股票会集中在消费和新兴产业领域。我们必须提醒大家的是，你一定要留意公司拥有实际的资产的性质、研发能力和管理能力，而不要听他们的故事。应当根据对过往记录与当前市场价格的分析，对企业的成长性进行验证。此外还需要进行相当多的特别调查和商业判断来补充。

普通投资者对企业成长性容易产生认识误区：

（1）用以往的增长速度惯性地推断未来三年甚至更远的每股收益，这很容易让你上当。一个学习成绩非常差的学生，从 0 分提高到 30 分是很简单的，但是，从 70 分提高到 100 分是很难的。简单的数学逻辑忽略了实际条件的不足。

（2）成长股投资，并不等同于中小企业或者创业板股票的投资。那些只顾炒作"新兴"概念的"另类投资"，就等于投资尚未真正盈利的公司，这基本上是完完全全的冒傻气。成长股投资，绝大多数投资者都是"殉情"在一千零一夜的财富故事。这种故事不能听完，听完到最后都是悲剧。

二、股本小如婴儿褪褓

小荷才露尖尖角，早有蜻蜓立上头。从股本因素来说，中小盘股更具长期增长优势。在 A 股市场中，股本在 3 亿股以内，市值在 100 亿元以内，可视为中小盘股。

1. 市场空间优势

如果一个面包分给一个壮汉，可能还不够塞牙缝；但当这个面包分给一个儿童的时候，他可能就吃不下。对于市场相同的空间来说，较小股本的企业具有空间拓展优势。

2. 较低的业绩参照基数，容易出现高速增长的延续性

由于业绩参照基数不同，基数越大后期保持同样的增长速度（百分比）就越来越难。所以，当开始的参照基数很小时，企业很容易保持一段较高的增长速度。新股发行上市有些刻意的业绩粉饰，其中一个方法就是降低开始的基数。

3. 小股本大股东，保障更加有力

如果公司的股东背景非常强大，就像母亲保护婴儿一样，上市公司本身就容易得到各种资源支持和保障，特别是大集团小市值的模式，还有可能获得不断的资产注入，使得壳资源膨胀，股价上涨。

狐假虎威这个词，一度被误认为是一个贬义词，但其实是赞扬了狐狸的生存和发展的艺术。实际上，很多人也都是借助了强者的力量才实现了自己的成功。当然，他自己也肯定是首先做好了成功的准备。企业的成功程度，在一定程度上说，是由支配多大资源和支配效率决定的。借助于大股东的平台，上市公司就可以获得更大的发展空间。具体例子见图 4-20、图 4-21。

图4-20 万东医疗大盘走势

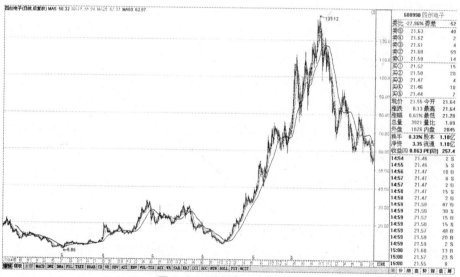

图4-21 四创电子大盘走势

成长快如火箭，股本小如婴儿褓褓，这样的企业最容易产生股价暴涨的可能性。试想，一个彪形大汉被塞进一个狭小的褓褓，那个褓褓壳还不被胀破？

第四节　扩张方式：内部融资为主

非洲的原始部落人的生存智慧：一个小孩子在草原和灌木丛中被狼追了一路，他跑了很远，就在狼马上追上他的时候，他拿起一块宽大的树皮，高高举在头顶上，那只狼居然没有敢继续接近。不久小孩的家人赶来，把狼赶跑，小孩得救。因为狼看到个体比较小的东西，就会产生征服感，但是，如果你个头很大，它就不敢轻易接近。小孩拿起树皮接在头顶上，狼就会以为这个人是很高大的人。狼是分不清那个部分是你的真实身体的，它们认为，只要是连成一体的就是一个人。但换位思考一下，假设你是那只狼，你会怎么解决自己的饥饿和生存问题呢？

辨别真实的实力很关键的一点就是，看整个机体的生长是由内在的自然扩张，还是外部的机械组合。

我们在沪深两市，常常会见到企业融资的信息。你会发现一个现象，那些动不动就融资的企业的股票，长期来看都难以有大的表现。为什么呢？因为企业的根本问题是盈利模式和盈利能力问题。好企业一般仅仅依靠自身的盈利积累，就足以实现快速扩张。只有那些依靠自身解决不了的资金，企业才会选择面向外在市场融资。但整体而言，优秀企业的融资方式，应该是以自筹资金为主，也可兼有适当的外部融资，但融资的运用一定是高效的，回报丰厚的。否则，融资仅仅是圈钱，而不是他们所高唱的"优质项目投资"。纯粹依靠融资并购而快速实现的机械组合，只能造就大而不强的企业。这种企业纯粹是浪费资源和时间，不会给股东带来实质性的收益机会。

我们最喜欢不需要再加大投资而能够稳定赚钱而且回报丰厚的企业。融资的速度超过业绩增长的速度，企业的长期股价就像霜打的茄子无精打采，因为证券的价值受到影响和稀释。

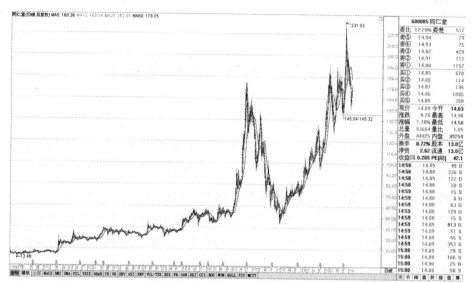

图 4-22　同仁堂大盘走势（该上市公司多年以来较少融资，分红丰厚)

图 4-23　西北化工大盘走势（该上市公司多年以来几乎一毛不拔)

第五节　忠诚而优秀的管理层

"21世纪什么最贵？——人才。"著名影星葛优先生在《天下无贼》这部电影中的一句经典台词，实际上也是说出一个真正的常识：现代商战在很大程度上是人才的竞争。特别是在金融领域和科技领域，一个关键人才，完全可能改变整个大局，这就是人才的威力。很多思想不够开放的投资者秉承错误的观念，认为资本是改变世界最伟大的武器，其实只看到了现象而没有看到问题的本质。钱生钱的艺术，最关键的是人的智慧。只有资本和智慧结合才能创造惊人的奇迹！如果风险投资没有找到乔布斯，那么，到现在为止，就没有苹果公司，那个被咬了一口的苹果，也就永远地腐烂了。世界上任何有形的财富都无法与宝贵人才的价值相媲美！

一、忠诚是金

1. 相同的价值观：与股东同舟共济

公司管理人员的价值观必须与公司文化保持高度一致，这是"全球第一CEO"杰克·韦尔奇先生的主张。在公司对管理人员的选择上，首先应该考虑的也就是他的价值观。他是否在对所有股东负责？他是否愿意将自己的利益和公司的利益紧密结合起来？

（1）高管的绩效激励与公司的绩效是否合理挂钩。普通人缺乏的智慧是，难以与最广大的人形成利益共同体，因而能够整合的资源相对较少，成功相对困难。在公司内部，管理层和公司（股东）荣辱与共、风雨同舟，那么，他们才有可能获得更广阔的发展前景，企业股东的利益也才能得到有效捍卫。然而，实际的情况是，管理层与公司（股东）之间容易走入两种极端：一是忽略对人才的激励，企业管理层动力不足，企业的长期潜力难以得到有效释放；二是企业（股东）对管理层失去控制，管理层在实际上已经控制了企业，只顾自己攫取各种不合理的财富，而不顾企业（股东）的利益，公司业绩不增长而管理人员薪酬却显著增长。

公司的高层管理人员应该具备以下能力：制定并实现合理的目标（至少每年20%以上）；从企业内部改进盈利模式而不是通过并购来拓展业务；明智地进行资本分配，有效处理对股东的短期回报和照顾企业的长期发展；在公司业绩没有明显的实质性的改观以前，不给自己增加薪酬和派送上百万美元的股票期权奖金。总之，股东们主要是观察管理人员究竟是在积极努力地提升公司业绩还是在积极努力地算计股东捞取私利，这是考验管理层忠诚的重要指标。

近年来，沪深两市的很多上市公司纷纷推出了各自的股权激励计划，成为股市的特殊"风景"。对于股权激励计划，投资者要冷静分析。如果这个方案整体上短视化（只考虑3~5年），设定标准太低（比如每年在较低业绩基数上增长率低于30%），那么，对股东是不利的，这实际上是管理层要动脑筋侵占股东利益。反之，股权激励注重长期化，设定标准也相对合理（10年内总体上保持20%以上的复合增长），那么，企业的未来业绩保障要更有力。需要说明的是，设定的标准要与激励的力度相匹配，标准太高而激励不足，对管理层来说也是没有实现他们的价值，这种做法是在逼迫人才外流，对股东的长期价值也是不利的。企业长期业绩如果保持30%以上的复合增长率，高管们的股权激励可以提高到净利润的20%左右。

股权激励是一把"双刃剑"，用好了事半功倍，用不好事倍功半。20世纪60年代以来，股票期权作为美国激励机制的创举，已成为美国上市公司高管人员的主要报酬方式，并不断拉大高管人员与普通员工之间的报酬差距。这个被誉为"自公司制之后资本主义的第二次制度革命"的委托代理模式的推广运用，有机地协调了经营者与所有者之间的利益关系，激励高管人员创造优异的业绩，为美国的经济腾飞注入了活力。但是，股票期权的副作用也是不可忽视的。股票期权激励机制加大了高管与普通员工之间的报酬差距，诱导少数上市公司的高管不惜采取激进的会计政策（甚至造假）和经营策略，甚至把主要精力放在操纵股价上面。世通、安然等公司财务丑闻向所有投资者发出警告，在股权激励的同时，也要加强控制，建立有效的约束机制，防止利益不公平分配、转移和输送。否则，股权激励可能会使管理层投机化，甚至股权激励成了只有股权没有激励。

表 4-1　2010 年推出股权激励计划的部分上市公司

代码	简称	首次信息发布日期	激励模式	证监会行业一级	聚源行业一级
002281	光迅科技	2010-12-9	股票期权	信息技术业	信息设备
300062	中能电气	2010-12-8	股票期权	机械、设备、仪表	机械设备
002279	久其软件	2010-12-7	股票期权	信息技术业	信息服务
000921	ST 科龙	2010-12-3	股票期权	机械、设备、仪表	家用电器
002367	康力电梯	2010-12-3	限制性股票	机械、设备、仪表	机械设备
002177	御银股份	2010-12-2	股票期权	机械、设备、仪表	信息设备
600588	用友软件	2010-11-30	股票期权	信息技术业	信息服务
002436	兴森科技	2010-11-30	股票期权	电子	电子元器件
300100	双林股份	2010-11-30	限制性股票	机械、设备、仪表	交运设备
002324	普利特	2010-11-24	股票期权	石油、化学、塑胶、塑料	化工
002425	凯撒股份	2010-11-24	限制性股票	纺织、服装、皮毛	纺织服装
002147	方圆支承	2010-11-23	股票期权	机械、设备、仪表	机械设备
002221	东华能源	2010-11-23	限制性股票	批发和零售贸易	化工
300011	鼎汉技术	2010-11-23	限制性股票	机械、设备、仪表	机械设备
601877	正泰电器	2010-11-20	股票增值权	机械、设备、仪表	机械设备
601877	正泰电器	2010-11-20	股票期权	机械、设备、仪表	机械设备
300058	蓝色光标	2010-11-19	股票期权	传播与文化产业	信息服务
300045	华力创通	2010-11-13	股票期权	信息技术业	信息服务
002325	洪涛股份	2010-11-11	限制性股票	建筑业	建筑建材
002376	新北洋	2010-11-9	股票期权	信息技术业	信息设备
300056	三维丝	2010-11-9	限制性股票	机械、设备、仪表	公用事业
300056	三维丝	2010-11-9	股票期权	机械、设备、仪表	公用事业
300076	宁波 GQY	2010-11-9	股票期权	电子	电子元器件
300043	星辉车模	2010-11-5	股票期权	造纸、印刷	轻工制造
600557	康缘药业	2010-11-3	限制性股票	医药、生物制品	医药生物
000009	中国宝安	2010-11-2	股票期权	综合类	房地产
300059	东方财富	2010-11-2	股票期权	传播与文化产业	信息服务
300015	爱尔眼科	2010-11-1	股票期权	社会服务业	医药生物

续表

代码	简称	首次信息发布日期	激励模式	证监会行业一级	聚源行业一级
002311	海大集团	2010-10-28	股票期权	食品、饮料	农林牧渔
000002	万科A	2010-10-25	股票期权	房地产业	房地产
002098	浔兴股份	2010-10-25	股票期权	其他制造业	纺织服装
300025	华星创业	2010-10-25	股票期权	信息技术业	信息设备
600388	龙净环保	2010-9-30	限制性股票	机械、设备、仪表	公用事业
002429	兆驰股份	2010-9-30	股票期权	电子	信息设备
600143	金发科技	2010-9-28	股票期权	石油、化学、塑胶、塑料	化工
601766	中国南车	2010-9-28	股票期权	机械、设备、仪表	交运设备
600485	中创信测	2010-9-17	股票期权	信息技术业	信息设备
300064	豫金刚石	2010-9-17	股票期权	金属、非金属	机械设备
600690	青岛海尔	2010-9-14	股票期权	机械、设备、仪表	家用电器
300068	南都电源	2010-9-7	股票期权	机械、设备、仪表	机械设备
002375	亚厦股份	2010-9-4	股票期权	建筑业	建筑建材
002024	苏宁电器	2010-8-26	股票期权	批发和零售贸易	商业贸易
002285	世联地产	2010-8-19	股票期权	房地产业	房地产
002273	水晶光电	2010-8-17	限制性股票	电子	电子元器件
300070	碧水源	2010-8-5	股票期权	社会服务业	公用事业
600067	冠城大通	2010-7-29	股票期权	机械、设备、仪表	房地产
002097	山河智能	2010-7-29	限制性股票	机械、设备、仪表	机械设备
600496	精工钢构	2010-7-28	股票期权	建筑业	建筑建材
002327	富安娜	2010-7-22	股票期权	纺织、服装、皮毛	纺织服装
002056	横店东磁	2010-6-12	限制性股票	电子	电子元器件
002192	路翔股份	2010-6-11	股票期权	石油、化学、塑胶、塑料	化工
002261	拓维信息	2010-6-11	股票期权	信息技术业	信息服务
002045	广州国光	2010-6-10	股票期权	电子	电子元器件
300048	合康变频	2010-5-29	限制性股票	机械、设备、仪表	机械设备
300005	探路者	2010-5-25	股票期权	造纸、印刷	纺织服装
601268	二重重装	2010-5-18	股票期权	机械、设备、仪表	机械设备
002269	美邦服饰	2010-4-22	股票期权	批发和零售贸易	纺织服装
600276	恒瑞医药	2010-4-13	限制性股票	医药、生物制品	医药生物
002310	东方园林	2010-4-13	股票期权	农、林、牧、渔业	建筑建材
002162	斯米克	2010-4-1	股票增值权	金属、非金属	建筑建材
002148	北纬通信	2010-3-20	股票期权	信息技术业	信息服务
002029	七匹狼	2010-3-10	股票期权	纺织、服装、皮毛	纺织服装

续表

代码	简称	首次信息发布日期	激励模式	证监会行业一级	聚源行业一级
600173	卧龙地产	2010-3-9	股票期权	房地产业	房地产
002139	拓邦股份	2010-3-9	股票期权	电子	电子元器件
600525	长园集团	2010-1-27	股票期权	其他制造业	机械设备
600597	光明乳业	2010-1-21	限制性股票	食品、饮料	食品饮料
002011	盾安环境	2010-1-19	股票期权	机械、设备、仪表	家用电器
600383	金地集团	2010-1-15	股票期权	房地产业	房地产
600477	杭萧钢构	2010-1-15	股票期权	建筑业	建筑建材

（2）高管与公司是否统一战线。行动比语言更有说服力。企业的高管和董事是否在购买和出售股份，能够很好地说明他们是否与公司股东们站到一起，形成利益的统一战线。普通投资者要特别警惕以下现象：

第一，高管减持就是股价要叛变。

核心高管减持股票超过1%，就是一种危险信号。其实，连知晓企业关键机密的核心内部人士都在减持，这种股票你要去给他们埋单吗？一定是坚决地卖出！100万年不碰这种股票。创业板刚上市的股票就出现了这种现象。不要抱怨监管层，从历史上看，犯罪总比监管跑得快一步。只是需要我们自己多点警惕。

当然，受到欺骗的投资者也可选择联合维权，合理索赔，惩罚那些沽名钓誉的人。如果诚信不能作为市场的法则，那么，这个市场没有参与的必要。

新大新材董事、高管季方印通过2011年8月17日至8月29日的3次减持，一度成为创业板套现金额"状元"。最高一笔为3444.79万元，其余两笔均为2300万元，合计约为8045万元。

蒲忠杰成为了2011年套现规模最大的高管，作为乐普医疗的总经理，他于3月23日通过大宗交易减持1500万股，占其本人持股的18.47%，金额达到3.73亿元。从股票走势来看，蒲忠杰套现的时点可谓是十分准确，3月23日以来，乐普医疗的股价下跌幅度令人胆寒。

图 4-24　新大新材大盘走势、

图 4-25　乐普医疗大盘走势

第二，公司中存在硕鼠，企业利益被隧道挖掘。

公司中存在挖掘股东利益的硕鼠，对股东来说是不幸的事情，你要做的要么是远离这种公司，以免为这些硕鼠埋单，要么就坚决地与这些内部硕鼠进行斗争。特别是在一些高利润行业，管理层隧道挖掘上市公司财富的事情并不是新闻。其他的粉饰业绩方式多数都是以虚增业绩为主，而这种却是以刻意压低业绩为主，因为中间的差价都被内部硕鼠完成了利益输送。

2007年央视新闻调查曾报道，陆家嘴联合开发公司直接虚构成本虚减利润，并将开发的房子低价销售给内部人。有一幢中央公寓，成本在6000元左右，售价在13000元以上，但最终毛利率非常低，甚至是亏损的，这引起了该项目小股东强烈不满，不断向上举报导致内幕曝光。在房地产、有色金属、能源、金融等高利润行业都有利益被隧道挖掘的可能，这种做法具有很强的隐蔽性，实属上市公司有能力却没有忠诚度的典型。高利润行业没有体现出应有的业绩，也是一个值得深究的地方。

图4-26　陆家嘴大盘走势

2010年11月19日每日经济新闻报道了一篇文章《奥飞动漫6类玩具遭模仿，"李鬼"竟是董事长小舅子》，主要内容如下：

奥飞动漫（002292）的盈利模式很特别，先要"费心费力"拍出好看的动画片，再依靠动画片的热播销售玩具，实现盈利。对此有投资者向《每日经济新闻》记者举报，一家"李鬼"公司——奥达玩具实业有限公司（以下简称奥达玩具）在其生产的 8 类产品中，竟有 6 类玩具在类型、样式、玩法上涉嫌模仿奥飞动漫的玩具，但其销售价格往往只有奥飞动漫的一半，并且这些玩具占领了约 20% 的市场份额，极大侵蚀着上市公司的利益。

　　不过更让人吃惊的是，奥飞动漫对奥达玩具涉嫌侵权却表现"暧昧"，不但对其"视而不见"，反而与其亲密合作，把大量业务交给奥达玩具来做。奥飞动漫为何如此善待竞争对手？经记者深入调查，谜底居然来自奥达玩具控制人的特殊身份。

　　……

　　据《每日经济新闻》记者调查，奥达玩具控制人的特殊身份给出了答案。奥飞动漫在 2009 年 10 月 17 日的关联交易公告里，"暴露"了奥达玩具的身份。奥达玩具是公司控股股东及实际控制人兼董事长蔡东青配偶的兄弟控制的一家公司。原来这个逍遥法外的"李鬼"正是奥飞动漫董事长的小舅子。

　　不过，董事长能将属于公众股东的上市公司利益随意送人吗？……

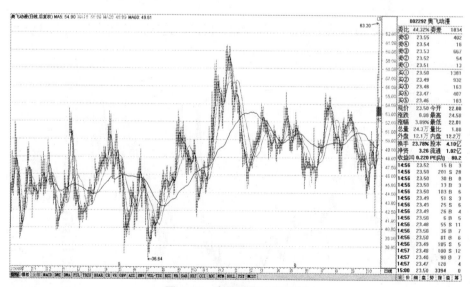

图 4-27　奥飞动漫大盘走势

据证券日报 2010 年 12 月 9 日报道:

2010 年 11 月 10 日，时代科技公布了其定向增发计划，拟向大股东浙江众禾发行股份购买其持有的四海氨纶 28.835%股权。而在这部分收购的股权中，便包括四海氨纶持有的劳斯莱斯幻影、法拉利等三辆价值 900 多万元的豪车。时代科技的公告中曾明确表示，这次增发注入的资产，有助于推动上市公司做大做强，保护上市公司广大股东特别是中小股东的利益。但公司在实际运作中，却将三辆豪华轿车（分别是劳斯莱斯幻影加长版、奥迪 A6 和法拉利跑车）作为"推动上市公司做大做强"的资产注入上市公司。公告显示，这 3 辆分别于 2007 年、2005 年和 2008 年购得的名车在评估机构按照"重置全价×成新率"评估后，分别较账面净值增值了 28.4%、38.33%、15.85%。对此，时代科技给出的解释是，由于上述 3 辆车已行驶里程数较少或购置日期较晚，评估现场勘察情况较好，因此成新率较高，导致预估较账面净值有所增值。

时代科技之后取消了这次收购计划，但是，这次溢价增发注入不良资产

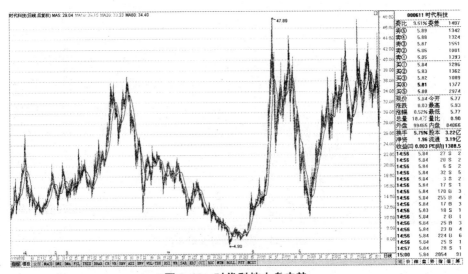

图 4-28 时代科技大盘走势

的动机已经让他们失去了信任。

当股东把企业的经营权充满信任地交给管理者时，管理者能否秉承高尚的职业道德和精神，把自己的利益和股东的利益有效结合起来，勤勉尽责，是决定企业未来价值的核心要素。

2. 诚实的言行

诚实是最基本的品质，企业的高管应该言行一致。管理层至少应该让股东了解，无论企业的优势还是企业存在的深层次问题，管理层最好都能够坦诚布公地揭示出来，并积极地寻找解决策略。

股东最悲惨的事情，就是在自己对企业未来信心满怀的时候，突然出现了业绩剧变，股东猝不及防。绿大地公司曾经被很多投资者看好和持有，他们对园林绿化之类的业务充满了信心，绿大地的各种信息也向股东们传达了一些积极的信号，业绩增长趋势似乎是必然的。然而，公司内部的一些核心问题被表面的和谐给掩盖了。管理层没有坦诚地向所有股东说明情况，最后东窗事发，业绩巨亏，股东们痛苦难言。

信息对称，价值是巨大的。这就需要管理层诚实。如果某公司总经理在业务混乱时坚持认为一切都令人满意，你要保持警觉。

除此之外，要了解他们自己是否说到做到，坚守信用。

上市公司管理层对于股东的各种承诺必须要不折不扣地兑现，否则就要给出可信的理由以博得股东的原谅。比如管理层随意变更募集资金的用途现象，就是对承诺的打折。在很多上市公司募集资金时，都会对所投项目进行详细的评估，投资者正是基于这个项目的基本判断才决定投资。但是，中途变更资金用途，股东就失去对原有投资的控制。这要么说明管理人员不遵守对股东的承诺，要么就说明开始的募集说明书纯粹是胡乱捏造，只是用于向股东骗钱。

查阅以往的年度报告，核实管理层作出过哪些预测和承诺，以及他们是否达到了目标。对于自己的失误，管理者应该诚恳承认和负责，而不应该拿"总体经济"、"不确定因素"和"需求不足"等通用的理由做替罪羊，还要弄清楚企业董事长讲话的语气和内容是否前后一致。

管理层诚实的言行是我们投资的必要考量指标。察其言观其行，若有悬殊，应一票否决。

3. 大股东本位制还是所有股东本位制

企业是属于全体股东的，但是，目前的实际情况是，绝大多数上市公司都是被少数股东特别是大股东控制，股东之间的利益博弈也就往往倾向于近水楼台的大股东。公司管理层究竟是代表大股东的利益还是代表全体股东的利益，决定了管理层的行为指南。我们把这种现象叫本位制，管理层坚持大股东本位还是所有股东本位，从他们的日常经营的利益倾向就能得到答案。

备受资本市场追捧的五粮液和三一重工，推出一种市值考核管理层绩效的方法。市值考核最主要的是维持股价的稳定，这对所有股东都是有利的。因此，可以初步判断，这两家公司的管理层基本上是坚持了所有股东本位制。坚持这种模式的上市公司的股票，长期来看应该都是相对较好的。因为主要的募集资金都是来自于中小股东，采取所有股东本位制，中小股东的利益得到尊重因此会有更多的人买入，长期来看，公司的融资环境和竞争能力都会显著提升。

再来看另外两个例子：洪都航空和湘电股份。

例一：洪都航空的管理层基本上是身在曹营心在汉。公司是属于所有股东的，但显然管理层只在乎大股东的利益，而对中小股东的利益视而不见。2010年，由于洪都航空董事长对市场的一些言论，比如"在重组后的中航集团防务平台中，洪都航空是唯一的上市公司，因此要充分发挥上市公司的作用，参与中航集团的整体的战略思考"。和2009年年度报告中"中航集团旗下的10大板块原则上不再进行新的IPO，而是对目前已有的上市公司通过定向增发、资产注入、资产置换等资本运作手段实现子公司整体上市。公司作为中航工业旗下的上市公司，有望成为其重要的整合平台"。这些正式的表态，引起市场的极大关注，投资者据此推断洪都航空将会进行重大资产重组，股价短期内出现井喷，从6月末启动到10月末仅四个月，股价上涨幅度就达到250%！

2010年11月11日，洪都航空（600316）放出史上最绝情的公告。洪都航空的提示性公告有两个方面的内容。一是澄清中航科工减持公司股份并非违规。公司表示，中航科工出于自身生产经营的需要于近期减持了所持有的公司1.65%股份，该减持行为符合国家有关证券监管、国资监管以及军工行业管理的有关规定。二是关于部分媒体及机构认为中航工业将利用公司作为中航工业所属防务资产上市平台报道的澄清。公司表示，中航工业从未考虑过将所属防务资产注入公司，未来也不会考虑将防务资产注入公司；中航工业并未对所属防务资产进行任何形式与上市重组相关的准备工作，在未来几年内也不会将防务资产注入现有的由中航工业作为实际控制人的上市公司。

这则绝情公告完全封杀了注资的可能和洪都航空未来的想象空间，股票开始一字跌停，中小股东血流成河。然而，在澄清公告出炉前1个多月，洪都航空的大股东中航科工便大举减持，成为股价暴涨的最大受益者。

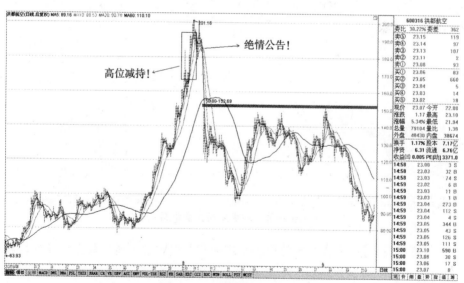

图4-29 洪都航空大盘走势

例二：湘电股份。这家企业是我国重大装备制造业的骨干企业，也能够代表我国民族工业的水平。然而，管理层有一些处理细节忽视了中小股东的利益。

早在湘电股份（600416）（收盘价 26.59 元）放弃优先认股权时，大股东湘电集团就公开承诺，将于 2010 年前退出所持有的湘电风能剩余 49% 股权（把湘电风能这块优质资产转让给上市公司湘电股份）；其后在公司去年配股融资时，大股东再次明确，计划将湘电风能注入到湘电股份。然而到了 2010 年 12 月 29 日，湘电股份发布公告称，大股东准备在 2011 年上半年才退出湘电风能。面对大股东的言而无信，湘电股份股价迅速下挫，从之前的 30 元历史高位迅速下跌。然而，自 2011 年 3 月 14 日到 3 月 21 日 6 个交易日内，湘电集团合计减持了湘电股份 1282.73 万股，合计套现了高达 4.29 亿元。按照减持均价来算，应该正是精准地处于 30 元以上的高位区间。

图 4-30　湘电股份大盘走势

【特别提示】：上市公司控股股东增持行为向市场传递的最直接信号，就是对上市公司未来发展有信心，认可当前估值水平。然而盘点近年来所发生的各种增持案例，将其搁在不同公司的发展背景之下，个别股东增持背后则更有深层意图。要谨防大股东组合拳，比如刚刚分红或者增持，接着就增发或更大规模减持。投资者要学会脑筋急转弯。

中小股东要根据管理层的本位立场，判断自己能否得到管理层的利益尊重，进而决定是否买入这家上市公司的股票。每个股东都不希望自己投资了钱却没有得到公平的对待。

二、才能是无可替代的指标

一天，一个年轻人登门造访美国大文豪马克·吐温。来访者胳膊底下还夹着一个怪模怪样的东西。原来，年轻人发明了一种新装置，需要资金来推销和大批生产这种装置。

马克·吐温年轻时热衷于发明创造，他一生在各种新产品、新发明上，投资多达50多万美元。但那些项目没有一个成功，所有投资都打了水漂。马克·吐温心灰意冷，发誓永远不在"新奇玩意儿"上浪费金钱了。

因此，一见到这位年轻的来访者，马克·吐温马上抱歉地说自己有过无数次投资失败的教训，不打算再冒任何风险了。

"我并不指望巨额投资"，年轻人说，"只要500美元，您就可以拥有一大笔股份。"想起自己刚发过的誓言，马克·吐温还是摇了摇头。失望的年轻人只好起身告辞。看着他的背影，大作家不由心头一动。"嘿，"马克·吐温在客人身后叫了一声，话一出口，他立刻为自己的不坚定感到羞愧。为了掩饰他马上改口说，"……你刚才说你叫什么来着？"

"贝尔，"年轻人回答，"亚历山大·格雷厄姆·贝尔。"

"再见，贝尔！祝你好运！"马克·吐温关上了房门，心想，"谢天谢地，总算坚持住了，没向贝尔投资。"

今天我们知道，年轻的贝尔胳膊下夹着的"新奇玩意儿"叫电话。

1. 管理层必须非常优秀

资本对于利润的追逐，都要由天才来实现。股东要想实现自己的资本之梦，就必须在选择管理层上绝不放松标准：要么你是天才；要么你用勤奋和努力弥补你缺乏的天才。

仅具备垄断性资源的企业，如果没有优秀的管理层去经营，也很难成为伟大的企业。企业的核心竞争力包括品牌、专利、技术、资金规模、垄断性资源、政策壁垒等，但是最有活力的核心竞争力是出色的管理者、优秀的企业文化、高效的管理模式、优秀而稳定的员工队伍。企业从优秀到卓越，从卓越到伟大的过程主要是靠企业家推动的。伟大的企业都有一个卓越的企业领袖，如通用电气的杰克·韦尔奇、苹果公司的乔布斯、克莱斯勒的艾柯卡、微软的比尔·盖茨、万科的王石、腾讯的马化腾等。

从这一点来说，买股票的最大好处在于，不仅仅买入了土地、资本和劳动，而且买入了企业家才能，这种投资里包含了最活跃、最积极、也最有创造力的因素，这是黄金、房地产投资所做不到的。所以，选择股票在很大程度上就是选择企业家。我们再也不能像马克·吐温一样，对着天才说："再见，贝尔！"

2. 寻找下一个乔布斯

找到未来的天才企业家，找到下一个杰克·韦尔奇、乔布斯，我们必须注重这些天才企业家的共有品质。在我们把钱交给他们之前，我首先要确认，天才的优秀品质，必须是得到证明的，他的事迹必须证明这个人具备这方面的潜质。

（1）执着的梦想家。有志之人立志长，无志之人常立志。企业家首先是一个超级梦想家，他们一旦确立了最终的梦想，就开始雷厉风行地执行和坚持自己的梦想。虽然有时候面临难以逾越的困难，但是不妥协，不怕失败，勇于面对和挑战。他们有着像狼一样的忍耐力和不可预测的决心，因此能够忍辱负重。不要用筷子一样的长度，去试探他们大海一样的胸怀。

卓越的企业家，成功都是必然的。如果从头再来，他们可能成功的方式不同，但仍然会成功。

（2）开放的思想。企业家善于学习、善于思考、善于交流。从企业家的爱好，就初步了解他们的性格。本人曾做过简单的调查，发现绝大多数企业家有一个共同的爱好——读书和听讲座，他们对于新知识和新思维的渴望，远胜于常人。在学习和思考的同时，他们多数人也能够非常清楚地表达自己的意见和虚心与人交流学习。企业家的杰出交流技能有两种：一种是天才的雄辩家，一种是看似木讷但却更擅长行为交流的外交家。

（3）竞争的天性。企业家喜欢竞争，能够承受压力，这是展示自信的表现。自信来自于绝对的实力，来自于缜密的思维和阅历的积累。充分发挥自身潜能，解决问题，实现目标的能力，让他们拥有超越对手的绝对实力。越是在危难时期，越能够体现出他们力挽狂澜的智慧和才能。不是东风压倒西风，就是西风压倒东风。该下手的，绝不含糊。

（4）合作共赢。在激烈的竞争中，人自身的资源和能力都是有限的。只有广泛争取各种有利的资源，借助于外力才能实现更大的成功。这就需要与强者合作共赢。为了企业长远发展，能够放弃和忽视狭隘的利益，为了坚定地完成目标而获取最大的资源。最典型的就是管理层的相对稳定。那些管理层内部纷争动荡，甚至频繁变动的上市公司，不可能有稳定的发展趋势。企业家要能够有效地团结公司上下的所有员工，能够维持和谐的关系，这样才能在运营中协调合作，大大提高企业的运营效率。有效合作的前提是满足对方的基本需求和合乎自己的基本要求。

（5）实干＋巧干。业绩是用事实来说话的，企业家必须用实干+巧干的精神拿出令人满意的成绩单。根据他们的历史业绩情况，结合同行类似公司进行对比，可以判断他们的基本能力、专业水准和创造能力。不要投资管理不善的企业。我们最喜欢的是，企业家绝大多数时间身在企业，而不是身在夜总会。

【特别提示】：公司的好坏看看掌门人花钱的速度就可以粗略判断。挥金如土的掌门人必然是一个消耗性的物欲强的人。喜欢买豪车，喜欢购置豪华别墅和私人飞机、游艇等。第一会造成现金流断裂，第二是这个人不爱惜股东财产，不值得信任。我们喜欢节俭一点的企业家，这样才能证明他想把事业做大，对财富的认知具有普世性，而非狭隘的占有性。当然，并不是说吃窝头住窑洞，而是根据自己现金流的状况适当安排和提高自己的生活质量，不会过度消费，不会影响企业的发展。

3. 监督管理者

天才犯错误，一般就不是小错误。所以，在授权给他们的同时，也要确保对他们的行为进行监督。在这方面，投资者永远都不会感兴趣。借助媒体监督是明智的。媒体发挥了非常重要的作用，特别值得称赞的是央视财经频道。他们以专业、务实的敬业精神，深刻揭发了一些公司或行业存在的丑陋行为，褒扬了真正优秀和负责任的公司。希望这种良好的形势能够继续发展和深化。资本市场本身缺乏足够的去污存精的能力，这主要是因为我们的投资者还不够成熟。这就需要一个外在的力量帮助资本市场发现病诟和精华，以帮助投资者和有关部门能够及时采取措施，保障资本市场的良性发展，让投资者的投资更有效率，让真正优秀和负责任的企业能够顺利地融资，从而让资本为投资者、企业和社会作出积极的贡献。除此之外，我们也发现了一支新的监督力量，那就是广大网友。他们的"人肉"能力令人刮目相看，在维护社会良知、抨击丑陋现象方面发挥着越来越重要的作用。

"我劝天公重抖擞，不拘一格降人才。"忠诚而优秀的管理层，是成就伟大企业的必要因素。从现在起，我们就需要行动起来，找到下一个贝尔，找到下一个乔布斯。

第六节 稳健的资本结构

梅里特兄弟是由德国移民美国的，定居在密沙比。辛勤的工作令兄弟俩积攒了一笔钱。后来，他们意外地发现，密沙比有丰富的铁矿。兄弟俩决定秘密行动，成立铁矿公司。于是，他们不动声色地收购地产，顺利成立了铁矿公司。

洛克菲勒早就对这个铁矿垂涎三尺，而当他准备动手时，梅里特兄弟的铁矿公司已经开始经营运转。他在等待时机，他决心得到这个铁矿。

1837 年，经济危机笼罩美国商业，市面银根告紧，同许多公司一样，梅里特兄弟的铁矿公司也陷入了危机的漩涡之中。兄弟俩愁眉不展，本地的一个牧师来到他家，兄弟俩恭恭敬敬地将牧师请到家中，当做上宾，在闲聊中，梅里特兄弟不自觉地谈到了现在的经济危机，并对牧师说铁矿公司也陷入了危机之中，资金周转不灵。

这位"热心"的牧师说："你们怎么不早些告诉我呢！我是可以助你们一把的啊！"

兄弟俩听了这话不禁喜出望外，对牧师说："您有何高见？"

牧师说："我有一个朋友，看在我的面子上，他可以支援你们需要的周转资金。"

兄弟俩说："您真是个好人，真不知拿什么感谢您呢！"

牧师问："你们要多少钱？"

梅里特说："42万美元。"

牧师很快就写了封借42万美元的介绍信。

兄弟俩问："那么利息怎么计算呢？"

牧师大方地说："我怎能要你们的利息呢？这样吧，比银行利率低2厘。"

兄弟俩简直不能相信，有这样的好事降临在他们头上。

牧师拿出笔墨立了一张借款字据："今有梅里特兄弟借到考尔贷款42万美元整，利息3厘，空口无凭，特立此为证。"

梅里特兄弟念了字据，觉得没有什么遗漏后，便在字据中高兴地签了字。

半年之后，这位牧师又来到梅里特兄弟家里，一进门，他十分严肃地对兄弟俩说："我的朋友是洛克菲勒，他早上给我来了电报，要求马上收回那42万美元贷款。"

梅里特兄弟此刻哪来的42万美元偿还呢，只好被逼上法庭。

原告律师说："借据写的是考尔贷款。考尔贷款是贷款人随时可收回的贷款，所以它的利息要比一般贷款低，根据美国法律，借款人或者立即还清所借款，或者宣布破产！"

在这种情况下，兄弟俩只好宣布破产，将产业出卖，买主当然是洛克菲勒，作价52万美元。

通过以上故事，我们不难看出，梅里特兄弟把铁矿输给了洛克菲勒，是因为洛克菲勒的缜密策划。但是，实际上他们是输给了自己。缺乏稳健的资本结构，让他们最终阴沟里翻船。而这并非是极个别的现象，而是具有相当数量的类似事件。

我们在第二章财务分析的资产负债表分析中，讲述了资本结构的相关知识，提到了稳健的资本结构对于企业的意义。我们此处重申，高负债率是薄冰上的舞蹈。很多优秀公司往往是死在债务缠身上，前车之鉴犹可在，投资者在选择上市公司的时候不可轻视。

短期的高负债率用于扩张产能方可理解，但长期高负债率危险系数就很大了。一旦景气度降低，市场萎缩或竞争加剧，公司将面临毛利下降、业绩剧变的可能。高负债率长期来看，是对企业价值形成威胁的重要因素。企业负债率较低，公司正常的现金和流动资产能够应付各种债务总和，才是稳健的资本结构。

高负债率的上市公司表面风光无限，但实际上都是外强中空。这就像一些沽名钓誉的所谓暴发户一样，用社会流行语来形容就是"亿万负翁"，豪车、洋房、奢侈品都是靠负债来维持的，这种表面的浮华掩饰不了深层次的危机，出问题是迟早的事情。

股东在选择上市公司的时候，优选资本结构稳健的企业，扎实！

第七节　高安全边际

价值投资者讲究有保障的投资。在预测盈利前景之前，首先考虑的则是风险的控制。安全边际是对于投资本金和收益的基本的保障。安全边际高，投资者对于未来的预测才会更加具有可控性，而不至于出现无法预料和无法驾驭的风险。所有的投资最好的状态是，一切尽在控制之中。

一、价格（成本）低廉

一个犹太商人走进纽约的一家银行，贷款部经理问："请问先生有什么事吗？"犹太商人答："我想借些钱。""好啊，你要借多少？""1美元。""只需要1美元？""不错，只借1美元。"

"可以吗？""当然可以，只要有担保，再多点也无妨。"犹太商人掏出50万美元的国债、股票等作为担保，而后接过1美元，年息为6%。

银行老板们怎么也不明白，犹太商人为什么有50万美元还要借1美元的事实。那个犹太商人说："请不要为我操心。我来贵行之前，问过好几家金库，他们保险箱的租金都很贵。所以嘛，我就准备在贵行寄存这些股票。租金实在太便宜了，一年只需花6美分。"

1. 投资中的两个价格认识误区

（1）价格（成本）低廉与绝对价格低。我们所指的价格低廉，主要是指成本低廉，即购买价格相对于股票的价值来说较低。这和传统意义上的绝对股价的高低是有本质区别的。很多投资者由于错误理解价格低廉的含义，犯下了很多非常低级的错误。

绝对低价股在算数方面具有的优势——看起来买的股票数量多。但大多数投资者购买低价股，最终都是铩羽而归。形成低价股的原因要么是因为公司的财务状况不佳，要么是因为相对于公司规模来说发行量过大造成的。常常有很多新股在发行时就采用低价发售过量新股的伎俩，俗称薄利多销。比如，一家公司本来可以发行1亿股，每股20元钱，但是，为了募集更多资金，他们切中了散户的贪便宜的心理，发行价修改为10元，发行3亿股。这样一来，流通市值就是30亿元，比原来的20亿元估值高出50%。这种策略有利于发行者，而绝对不利于购买者。聪明的投资者不干这种傻事。

此外，股票分拆也往往会形成低价股。A股市场上，很多股票的主力就喜欢借助这种方式进行出货。比如，驰宏锌锗在上市后几年内，曾经大肆地进行分红，股价当然是越来越便宜，但是，价值却越来越低。实际上，投资者如果将 K 线图进行复权，会看到股价已经涨到了天上，这个时候主力已经超大幅获利，亟待出货了。好了，经过股票分拆，价格便宜了，很多贪图小便宜的散户，大量地购买，主力顺利出货。套在山顶上的股民最终体验了自由落体的感受，个中滋味唯有自己清楚。相同的例子还有紫金矿业，发行时采用了绝对低价的策略，但发行了更大量的股份，从而募集了更多的资金。但对投资者来说，成本就相当的昂贵。

图 4-31　驰宏锌锗大盘走势

低价股的危害，最根本原因就在于分不清低价股和价格（成本）低廉的区别，公众所购买的股票多数都中了圈套。低价股往往只是一个诱饵，因为多数低价股票都是错误的品种，不具备真正的投资价值。谨防这种低价股陷阱。

价格（成本）低廉则主要是基于绝对价格低于股票的价值而言的。例如，股票的价值为 1000 元，那么如果此时股价为 600 元，那么，此时价格（成本）是低廉的。买入是稳健的和有利可图的。巴菲特的伯克希尔哈撒韦公司的股价高达 11 万美元以上，主要是因为它的价值较高，所以不能说太

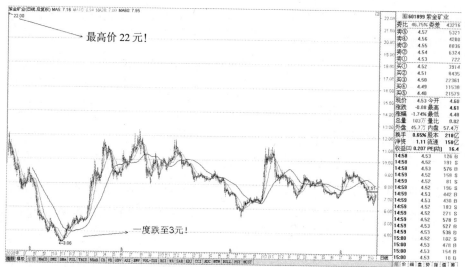

图4-32 紫金矿业大盘走势

昂贵。正常情况下，如果投资者想用10元钱购买价值100元的股票，虽然是个不错的交易，但是这种机会的出现几率几乎为零，因为多数投资者都会在刚刚低于100元的时候买进，股价相对于价值大幅折价的机会被抢折价的投资者给抵消了，他们的买进让价格趋于100元。指望世界人民同时变傻而出现这种概率的想法是比较天真的。

（2）不顾价格（成本）买进绩优股。一些传统的冒牌价值投资者喜欢市价买进绩优股然后长期持有。这些忽略价格的买进行为最终也会马失前蹄。找到绩优股应该也算是一种进步，但是买进之前要测算其价格是否划算。否则，你所投资的企业虽然在成长，甚至是在超速成长，然而，你的收益却已然无法保障。甚至很多上市公司的高管，由于看好自己公司的前景，买进自己的股票还亏钱，这是典型的不懂价值投资，需要聘请本人去好好讲一讲的。由于绩优股多数是一些明星股票，买进的人自然也就更多，价格是较少出现大幅折价的，所以，投资者要学会忍耐和等待。总体来说，在市场行情不好的情况下，会提供一些相对较好的买入机会。

2. 价格低廉的真正含义是估值低

在股票估值的相关章节（本书第三章），我们已经介绍了基本的估值前提，估值方法和估值影响因素，这些是我们判断价格高低的真正参考尺度。心中有数才能判断准确。

在符合估值前提的情况下，我们对企业的估值要尽量谨慎，不要动辄给出高估值水平，以免在一旦犯错误时无法收拾场面。只有坚持这个安全原则——无论一笔投资看起来多么令人神往，永远都不要支付过高的价格——你才能把犯错误的几率降到最低。

我们说过，企业的发展靠的是核心资源和核心能力。所以，企业对股东资金的保障也是分为有形的资产保障和无形的资产保障。有形的资产保障，我们用净资产或者市净率来衡量。无形的资产保障，我们用市盈率来衡量。记住，保障！

从有形资产的保障来说，挑选价格低于净流动资产价值或营运资本价值的股票，获得一个分散化的普通股组合，可以获得相对比较切实的保障。世界各国的投资者都验证了这个做法，绝大多数情况下都是可取的。如果你购买某种股票，比你自己组建类似的公司的成本还要低，产出还要高，那么，这种投资就是划算的。例如某上市公司在不少大城市核心地段拥有大量的仓储厂房，这些自有物产如果进行重新评估，仅其土地使用权就可能超越公司市值。那么，这家企业就具备相对可靠的保障。中储股份就曾出现过这种情况。

从无形资产或者说盈利能力的价值来说，动态市盈率较低的股票值得参与。关于市盈率，我们前面讲过，不要用传统的静态市盈率来进行估值。要确保在对未来的计算是稳妥的情况下，其购买价存在着令人满意的安全边际。这就是巴菲特超越其恩师格雷厄姆的地方。也就是说，在我们给一个公司高市盈率的时候，我们要首先想到，他们的无形资产是否能够保障企业按照预期或者超越预期地持续运行。随便给一个企业动辄20倍以上的估值，无异于花高价买废品。在市场流行的操作模式下，一些被市场追捧的很多概念股，就属于这种类型。如果网络股、科技股的股价高达100倍，还有所谓的专家鼓吹还有很大空间的时候，灾难即将发生。因为这些行业已经经历了盛世，肯定会趋于成熟，但随着竞争者的不断加入，利润滑坡几乎是必然的。100 倍的市盈率用什么来保障？

谨慎的预测者是成熟的。

二、大股东的承诺与对赌协议

大股东的承诺与对赌协议会对股票价格形成额外的价值支持。这种支持的可靠性取决于两个主要方面：

（1）条款是否诱人？如果你现在面临一个选择，你是投资一个条款诱人但效益稍差的企业，还是投资一个运营良好但条款不够诱人的企业？我想，肯定是选择那个条款更加诱人的企业，毕竟，这直接影响（确定）了短期收益。而运营成绩只是长期的间接保障。常见的承诺或对赌协议是，新股上市承诺、增持计划、保底收购计划、认沽权证等。

（2）大股东的财务实力是否能够足够承担对赌协议。如果条款诱人但是大股东却缺乏实际的财务支付能力，那么，诱人的条款也仅仅是空头支票，无法确保顺利兑现。这就相当于借贷中的抵押物不够坚挺。因此，对大股东的实际情况进行深入的调查，特别是对其财务支付能力进行评估是非常有必要的。

三、充分考虑市场偏见和思维因素

影响市场价格的长期因素中，市场的偏见或疏忽，或者某种独特的长期流行的思维，可能会导致估值较低的某只股票在较长时间内无法实现股价上涨，维持在弱势状态，这是令投资者非常头疼的事情。所以，我们在坚持股价安全性的基础上，仍然要考虑这些因素可能对价值实现的阻碍。基于这种情况，我们必须在股票选择的时候，一是分析上市公司内在的稳定性和回报性（分红率），不会产生突然的巨大变化。比如一次社会科技的变革，让企业突然失去原有的竞争能力，或者一次严重的股价泡沫的破灭可能会让所有投资者"一朝被蛇咬，十年怕井绳"，即使价格足够低，大家也没有兴趣买进，这种情况可能使股价在很多年内毫无生机活力。二是尽量选择股性活跃的证券，一旦出现好的时机，它能够唤醒投资者的记忆，从而很快速地反映出其应有的价值。三是考虑整个市况及供求关系。如果股市的回报率明显低于社会上其他投资市场（如房地产、黄金、外汇、文物市场、民间借贷等）的回报率，资金的流向对股市来说是不利的，由于缺乏足够的买入资金，供求关系不能够发生质的改变，因此，可能长期维持在一个较低的价格水平。这个时候，还需要更加耐心地等待。

安全边际的重要作用是充分考虑到最坏的情况，更多的是排除不确定性，你的投资就不会有太大的失望。从地狱中爬出来的人，看哪里都是天堂；从天堂里掉下来的人，看哪里都是地狱。

案例：超级牛股缔造的财富传奇

一、巴菲特起家的超级牛股

让我们看看为巴菲特的成功立下汗马功劳的超级牛股吧！

1. 可口可乐

投资 13 亿美元，盈利 70 亿美元。

120 年的可口可乐成长神话，是因为可口可乐卖的不是饮料而是品牌，任何人都无法击败可口可乐。领导可口可乐的是占据全世界的天才经理人，12 年回购 25% 股份的惊人之举，一罐只赚半美分但一天销售十亿罐，净利润 7 年翻一番，1 美元留存收益创造 9.51 美元市值，高成长才能创造高价值。

2. GEICO 政府雇员保险公司

投资 0.45 亿美元，盈利 70 亿美元。

巴菲特用了 70 年的时间去持续研究老牌汽车保险公司。该企业的超级明星经理人，杰克·伯恩在一个又一个的时刻力挽狂澜于既倒。1 美元的留存收益就创造了 3.12 美元的市值增长，这种超额盈利能力创造了超额的价值。因为 GEICO 公司在破产的风险下却迎来了巨大的安全边际，在 20 年中，这个企业盈利了 23 亿美元，增值 50 倍。

3. 华盛顿邮报公司

投资 0.11 亿美元，盈利 16.87 亿美元。

70 年时间里，华盛顿邮报公司由一个小报纸发展成为一个传媒巨无霸，前提在于行业的垄断标准，报纸的天然垄断性造就了全球最有影响力的报纸之一，"水门事件"也让尼克松辞职。

从 1975 年至 1991 年，巴菲特控股下的华盛顿邮报创造了每股收益增长 10 倍的超级资本盈利能力，而 30 年盈利 160 倍，从 1000 万美元到 17 亿美元，华盛顿邮报公司是当之无愧的明星。

4. 吉列

投资 6 亿美元，盈利 37 亿美元。

作为垄断剃须刀行业 100 多年来的商业传奇，吉列是一个不断创新难以模仿的品牌，具备超级持续竞争优势，这个公司诞生了连巴菲特都敬佩的人才——科尔曼·莫克勒，他带领吉列在国际市场带来持续的成长，1 美元留存收益创造 9.21 美元市值的增长，14 年中盈利 37 亿美元，创造了 6 倍的增值。

5. 大都会/美国广播公司

投资 3.45 亿美元，盈利 21 亿美元。

作为具有 50 年历史的电视台。一样的垄断传媒行业，搞收视率创造高的市场占有率，巴菲特愿意把自己的女儿相嫁的优秀 CEO 掌舵，并吸引了一批低价并购与低价回购的资本高手，在一个高利润行业创造一个高盈利的企业，1 美元留存收益创造 2 美元市值增长，巨大的无形资产创造出巨大的经济价值，巴菲特非常少见地高价买入，在 10 年中盈利 21 亿美元，投资增值 6 倍。

6. 美国运通

投资 14.7 亿美元，盈利 70.76 亿美元。

125 年历史的金融企业，富人声望和地位的象征，是高端客户细分市场的领导者，重振运通的是一个优秀的金融人才，哈维·格鲁伯，从多元化到专业化，高端客户创造了高利润，高度专业化经营出高盈利，11 年持续持有，盈利 71 亿美元，增值 4.8 倍。

7. 富国银行

投资 4.6 亿美元，盈利 30 亿美元。

作为从四轮马车起家的百年银行，同时是美国经营最成功的商业银行之一，全球效率最高的银行，15 年盈利 30 亿美元，增值 6.6 倍。

8. 中国石油

投资 5 亿美元，到 2007 年持有 5 年，盈利 35 亿美元，增值 8 倍。

二、中国资本市场的超级牛股

有人说，中国不适合价值投资，那么让我们来看看，究竟是市场有问题还是人有问题。下面是我国沪深 A 股的部分超级牛股（截至 2011 年 10 月）：

云南白药：1993 年 12 月 15 日上市，18 年累计涨幅近 100 倍。

泸州老窖：1994 年 5 月 9 日上市，17 年累计涨幅 100 倍。

贵州茅台：2001 年 8 月 27 日上市，10 年累计涨幅 30 倍。

张裕 A：2000 年 10 月 26 日上市，11 年累计涨幅 15 倍。

万科 A：1991 年 12 月 23 日上市，20 年累计涨幅超过 70 倍，最高涨幅超过 220 倍。

双汇发展：1998 年 12 月 10 日上市，13 年累计涨幅 25 倍。

苏宁电器：2004 年 7 月 21 日上市，7 年累计涨幅 30 倍。

三一重工：2003 年 7 月 3 日上市，8 年累计涨幅 30 倍。

山东黄金：2003 年 8 月 28 日上市，8 年累计涨幅 40 倍，最高涨幅接近 70 倍。

七匹狼：2004 年 8 月 6 日上市，7 年累计涨幅达 15 倍。

片仔癀：2003 年 6 月 16 日上市，8 年累计涨幅 7 倍。

烟台万华：2001年1月5日上市，10年累计涨幅12倍。

盐湖股份：1997年9月4日上市，14年累计涨幅30倍，最高60倍以上。

中国卫星：1997年9月8日上市，14年累计涨幅30倍。

新和成：2004年6月25日上市，7年累计涨幅10倍。

传奇仍在继续……

本章小结：

　　投资中的大决战和歼灭战是取得根本性成功的关键。但是，大决战和歼灭战也往往是要付出巨大代价的，这就要求我们一定要慎重地布局和运筹帷幄，最大化地掌握天时地利人和的因素，绝不打无充分准备之仗。本章讲述了超级牛股的一些重要特征，例如巨大的市场，卓越的品牌，属于地利之便，我们称之为长在希望的田野上；暴利、品质高、毛利率是人和之便；成长快，股本小，属于天时之便，我们称之为赢在帝国崛起之前；扩张方式以内部融资为主，属于地利之便；忠诚而优秀的管理层属于人和之便；稳健的资本结构和安全边际高都属于地利之便。综合以上条件你会发现，值得你选入的股票并不是特别多。是的，决战不是天天都要打。不战则已，一战定乾坤。唯有胜券在握，方可饮马长江！

第五章　聪明的交易

本章导读：

不论牛市还是熊市，蹩脚的交易者总是充满悲剧色彩。上涨的时候，自己没有仓位，下跌的时候，自己往往满仓。赚钱的时候，赚的是小钱，亏钱的时候，亏的是大钱。

……

投资成功的关键不在于市场，而在于投资者自己。聪明的交易才能使你获得优势和机会。

第一节　投资者与市场波动

1. 正确对待市场波动：预测市场不如利用市场

市场价格围绕价值不断波动，这是市场的基本属性。人们往往沉迷于预测市场和股价，只要是关于预测的事情，似乎先天地充满了热情。除了各种古今中外的预测方式，甚至连章鱼保罗和占星术都研究过，就只差用天气预报来预测股价了。倘若预测到未来上涨，现在就提前买进；预测到未来下跌，则现在就赶紧卖出。这种方式，更多的是在折腾自己，而没有任何显著的效果。这种命运由天的做法只能让自己失去控制。

愚蠢的人预测市场，聪明的人利用市场。正确对待市场的态度就是保持平和心态，冷静地面对市场的波动，并且利用市场的波动实现预先设定的交易目的。在对待牛、熊市场的问题上，聪明的投资者也是与大众截然相反，他们会在牛市中忧心忡忡，因为它会使得股票变得昂贵，失去买入的机会，而只能减持股票回避资产的泡沫。相反（只要手上持有足够应付日常生活所需的资金），他们更加欢迎熊市，因为它会把股价拉回到低位，有机会出现价值投资者寻找的物美价廉的股票。这样，股票才会进入一个相当安全和理性的财富积累时期。在除此之外的其他时间里，投资者最好忘记股市的存在，更多地关注自己的股息回报和企业的经营成果。

充分做好面对不同市场的交易准备，不管是牛市、熊市还是猴市，你都不应该失去控制。一切应该在掌控之中，你才能淡定。

2. 流动性的价值：没有必要 24 小时守着股价图

很多职业股民喜欢 24 小时盯着股价图，心甘情愿地让那条蠕动的曲线折腾着自己的神经。这些可爱又可笑的投资者，其实没有弄清楚市场流通性的价值。

市场流动性，可以为投资者提供动态捕捉股票价值与价格的差价信息的机会，并且可以按照市场价格来增加或减少自己的投资——如果他愿意作出选择的话。24 小时盯着股价图的真实心态无非是希望在稍大点的波动中能够先人一步地采取措施，但事实上，真正的交易机会是比较少的，因为一点小小的波动而每天准备交易，甚至庆幸因为停牌而躲过下跌，都是典型的投机行为。除了在股价过度低估或过度高估之外，交易是没有太大必要的。你甚至都不必过于理会当期的股价，也不必天天盯着 F10。只需要隔三差五地关注一下公司基本的变化情况。

选择权对于缺乏判断能力的人来说是一种风险。天天选择，说明每次选择是没有价值的。在巴菲特的办公室里，甚至都没有股票交易终端机。更多地关注企业的价值，而对价格的微小波动少操心。

3. 买入卖出的法则

聪明的投资者的交易法则是，熊市买入股票，牛市卖出股票。

价值投资者坚持物美价廉可兑现的交易。激进投资者可以在股票报价低于其公允价值时买入，高于其公允价值时卖出（结合股票估值）。市场能够为交易提供的条件是，在市场血流成河的时候，股价大幅下跌，因此可以廉价买入；在市场疯狂的时候，股价泡沫严重，因此可以考虑卖出。当然，购买的时候，要充分考虑自己的现金流情况（注意：自己的现金流非常重要。很多人盲目地炒作，忽视了这个致命的问题。比如，你在熊市用所有资金廉价购买了股票，但是还没有等到牛市，你有一笔紧急大项现金支出，这个时候卖掉股票，你会极端被动和失去到手的机会）。

另外一种交易方式是，在市场低迷时期或个股突然遭遇偶然困境的时候，不断买入股票，然后长期持有，在公司经营发生质变的时候，选择在股价上涨途中离场。不要在股价短期大幅下跌后急于抛售股票，这种做法在绝大多数情况下都是得不偿失的。

我们所指的买入和卖出，往往都不是一个精确的点（虽然有时候也有），而是一个相应的价格区域。不要试图买入在最低价和卖出在最高价，那些是投机者日思夜想的事情，基本属于亡命徒的做法（想把所有钱都赚完的想法是弱智的）。正常的情况是，当你买入后一段时间内，股价维持原价位甚至还要继续下跌，而在高位卖出后，可能股价会加速上涨。所以，价格优势与时间之间的矛盾需要真正权衡。总体上讲，大宗的交易一定要耐心等待较好的时机，而平时只要价格水平相对不高，并且有钱投资于股票，就可以陆续购买。

从理论上讲，如果某只成长股可以按很高的速度永久持续增长，投资者就可以付出无穷大的价格来购买它。但是，所假设的未来增长率越高，所预期的时间越长，一旦中间发生突变，后面计算出来的误差将会非常巨大，这会带来高昂的代价。所以，预期过高就是风险，保持谨慎是必要的。

当被问到无线电信股的市盈率如此之高是否有高估之嫌时，著名基金经理凯文·兰蒂斯说："这不算过分。看看他们的高速增长，其增长的绝对价值是非常巨大的。"结果，从2000~2002年，兰蒂斯最钟爱的无线通讯股诺基亚"仅仅"下跌了67%，而最惨的Winstar通讯公司则下跌了99.9%。

不要总是试图预测和战胜市场，那些是根本没有意义的事情，不能从根本上帮助投资者提高投资的安全和效率。坚定地从事有价值的交易，你最终会足够富有。

第二节　集中投资还是分散投资

有一种投资思潮非常流行，那就是——不要把鸡蛋放到一个篮子里。您是否认同这个观点呢？

对于上述问题的解答，辩论苍白无力，我们只能用事实说话。一个最基本的参照是，最成功的人是否采纳和执行了这个建议（唯有向最成功的人学习，你才能够成为最成功的人）。来看下面这则信息：从1982年首次出版以来，《福布斯》所列出的所有美国富翁中，绝大多数人的财富都是集中获取的。显然，据此来看，集中投资的成功概率是更高的。当然，这也并非是绝对。如果鸡蛋太多，一个篮子装不下，也就别太委屈鸡蛋了，应该把它另外搁置到另一个篮子里。

价值投资者对于资金使用的原则是：集中为主，分散为辅。

1. 集中精力打歼灭战是投资的经典模式

集中精力打歼灭战是毛主席军事思想的核心。而这个思想用在投资上，却也是屡建奇功。我们前面讲过，最成功的价值投资者，其富可敌国的财富多数来自于几次经典的大决战、歼灭战。一旦慎重选择好了目标，并且对自己的情况进行了有效评估，那么，就可以采取集中投资的方式，利用超级牛股实现财富的稳步快速增长。这种摧枯拉朽式的投资，关键是选择可靠的标的和合适的买入价格，并且要具备相当的克制能力，克制诱惑与恐惧。

普通投资者缺乏有所为有所不为的修行，试图什么都干，什么都懂。因而，我们常常看到很多股民，好好学习，天天上当，股票亏得惨烈还不敢跟家人说，相当悲剧。原因是没有抓住核心和关键，平时蜻蜓点水，赚的少亏的多。甚至有的散户持股数量超过20只，打开电脑就是七上八下忙不赢，看K线图就像看自己的心电图。

投资者要想根本上实现投资成绩的突破，就要排除杂念，慎重而深入地选择几次重点投资（不是随时都能决战），集中大部资金进行操作，往往会取得较明显的效果。当然，你或许还是习惯性地不安，惧怕集中投资出现重大损失，但是，只要你坚持了科学思路和方法（价值投资本身就是在研究各种保障措施，防范风险），结果一般都是令人满意的。只要有几次成功的经历，你的实力会大为增强，而且自信心也会日渐提高。

2. 适度分散和组合：非相关行业组合

决战的机会总是比较稀有的，因此，我们还要适度地涉猎一些其他的交易机会。而在寻找这些辅助的交易机会，我们需要适度地分散（这在一定程度上也算是一种安全边际）。适度分散的意思是，资金仍然以集中为主，分散程度不会太大。一般投资者持股数量不要超过3只。资金过亿的投资者可以选择5只左右的股票适度组合（并不是一定要分散。如果胜券在握，也可集中在一只超级潜力股上）。

具体的做法是：①根据超级牛股的选股原则精选几只股票，组建一个投资组合，特别要注意这些股票的行业要具备非相关性，以最大化地避免行业集中的风险。②根据长期股息回报和股价走势将这个组合的正常估值确定下来，即寻找价值的中心线。③低于这个组合的估值中心线的一定比例，就是股票的买入点，高于这个组合的估值中心线的一定比例，就是卖出点。

第三节　仓位控制与交易杠杆

仓位的控制，直接决定了在股价的涨跌过程中，对你的市值的影响程度。仓位控制是决定投资成功与否的一个关键的乘数。你在半仓时赚的100%，只需要在接下来的全仓操作中输掉33%，就会将利润全部吐回去。可见仓位控制在交易中的资金杠杆作用。

1. 正常的仓位比例

根据自身的现金流情况和不同的市场状况，仓位比例也应该是动态调整中的。在熊市非常低迷的情况下，股价已经跌入价值区域，这个时候仓位应该不断提高，一般持股仓位可以加到60%~70%。对于体外现金流比较充沛的投资者来说，此时可以将仓位加注到80%~90%。在市场行情处于牛市时，股价泡沫已经显现，此时股票的仓位应该适度减持。特别是当市场整体估值水平接近历史高位时，投资者仓位应该减到50%，甚至30%以下。一旦趋势逆转，也可全部抛售。正常市况下，投资者的比例根据自己的现金流情况，可以在30%~70%调整。

2. 杠杆交易

杠杆交易就是借钱放大股本交易。一旦赚钱，那么，财富增值就更快，但如果发生亏损，也会让人跌入深渊。那些因为股市暴跌而跳楼的人，一般就是这种放大交易的人。一般人炒股即使亏了钱，也顶多发发脾气消沉几天，不至于跟地球引力较劲。杠杆交易者一旦亏损，就不但亏损本金还要偿还别人的借款，双重打击，人就容易崩溃。特别是那些失去其他经济收入来源的人，一旦卷入杠杆交易，最终的结果往往会改变一个人的人生观。

笔者在此发出呼吁，投资者不要借钱炒股票，不要进行杠杆交易。为了你和家人的幸福，物质生活的平淡是最合适的生活方式。

即使你是专业的股票交易高手，也要对此有清醒的认识。除非你有十足的把握和实际的掌控力，确定某个业务被错误定价，才可以进行适当的杠杆交易。

3. 手中有钱，心中不慌

任何时候都要记住，股票是有风险的。虽然我们作为价值投资者将保障考虑得极为充分，但也仍然有一些风险因素和突然变化，需要我们能够有效地进行控制。手中留有现金，足够正常的开支和不时之需，那你处理问题就会冷静得多。人犯错误，多数是在慌不择路的情况下。仔细分析每一位价值投资大师，他们的手上似乎从来不缺现金，总是有钱购买廉价股票。

活着永远是第一位的，现金就是最后的粮草和武装。

第四节 投资顾问

你不可能什么都懂，但不懂的未必就不会干。思科中华区总裁林正刚先生曾经讲过一个有意思的事情，虽然他从事的是高科技行业，但他却对技术几乎是白痴。而综观很多行业翘楚，其实他们的领导人都是"业余选手"。王石不懂房地产，但却是世界最大房地产企业的舵手。这种现象在国内外并不鲜见。这说明一个道理：不懂的就请军师，你只需要作判断和决定就可以了。

谁是你的顾问？

1. 自己永远是自己最好的顾问

提到顾问，我们总是希望顾问能够给我们解决一切问题，这种想法是有严重问题的。顾问只能从某一个角度或方面给予较为深入的指导，但综观全局的把握，方法和规则的运用，最后的决策都必须是自己做出的。

把顾问当做解决一切事情的根源，其实就是在全局上否认了自己的价值。完全依靠顾问来解决一切问题，最后的结果往往是出现明显倾向于顾问角度的处理，而有损全局的利益。盲人摸象的故事就很好地说明了不同的顾问解决问题的单一角度，但都是不完整的。如果顾问能够解决一切问题，他还有必要给你当顾问吗？他自己直接做你的事情不就有更大的利益吗？所以，顾问不是万能的，需要你去客观评判其作用。让顾问给你作最后决策，是极其不明智的。古今中外，多少帝王失去江山，你能说他们身边没有好的顾问吗？

投资者最好通过不断学习和实践积累大量的投资常识和智慧，这是最重要的技能。我们前面讲述过一些相关的常识和智慧，希望大家好好思考其中的意味。当然，这并不否认知识的价值，只是人的精力有限，只能学习一些与业绩最紧密的关键知识，其他的更加专业和更加深入的问题，尽量花点小代价，咨询相关的资深专业人员。在常识和智慧积累的过程中，思考起到了非常重要的作用。结合哲学方法和一些必要的科学规律性的东西进行深入思考，可以闪现出很多惊人的谋略。

最后的决策一定是自己做；方法和规则，一定是自己定；你最能够信赖的、对自己最了解的人，是你自己。忽视了自己的作用，就是失去了最大的资源和财富。

自己永远是自己最好的顾问。

2. 上市公司高管或相关人员

价值投资更主要的关注点在于上市公司本身的运营质量和效率。了解这些信息，必须通过公司内部核心人员或知情的同行（上下游客商、竞争对手、行业或地区主管部门）等相关人士才能获得。这倒不是为了获取什么内幕信息，而是通过这些专业人士，你可以深入地了解这个行业或这个企业内在的实力和潜力，进而通过公开的财务报表进行深入分析比对，获得更加理性和准确的判断。比如，你可以通过上市公司高管获得本企业的盈利模式，最主要的核心竞争力以及对手的各种信息。而一旦某些关键的触发因素产生，你能够比市场普通投资者更加深刻地了解可能的后果，因而能够准确和迅速地作出反应。多几个上市公司的朋友或顾问，你不会想当然地分析该公司的许多方面。条条大路通罗马，但最好有个指路人。

在股市中真正取得巨额收益的投资者，多数具有如下特点，他们从一开始就非常看好公司的发展前景，并且投入了大量的资金，之后就坚定不移地继续持有，若干年后，这些资本价值可能会增长 100 倍，甚至更高。而这些精明的投资者都与上市公司的核心管理人员有着密切的关系，或者本身就是上市公司的雇员或其家属，或者与上市公司有着某种业务联系和其他社会关系等。正是基于充分的信息了解，他们才能够非常坚定地将大部分资金投入公司，并且经受住各种诱惑和考验，坚定地长期持有最终获得丰厚回报。

3. 券商顾问

广交朋友是成功的捷径。对于从事股票投资的人来说，与券商打交道的时间是比较多的。券商因为靠与证券相关的业务为生计，因此也拥有某些专业的调研团队。

大多数证券公司的主要业务就是获取交易佣金，而佣金需要从客户的交易中来。于是，能够促发客户频繁交易的投机性建议和意见，就成为券商的信息炸弹。公司的思维和业务活动都紧密追随日常市场的交易，久而久之也就形成了投机性的思维和习惯。虽然证券公司极力想帮助客户赚钱，但是本身就存在问题的投资思路，必将引导客户最终亏钱。因此，券商的交易顾问信息一旦是关于决策的，往往都是投机性的。他们的业务性质决定了他们几乎无法避免这种模式。

我们在电视上或者网络上，常常看到某些分析师振振有词地分析和预测市场和个股的未来走势，虽然在过去的绝大多数预测都是错误的，也仍然敢于再犯错误，继续故弄玄虚，好像什么都没有发生过。其实，很多大家最喜欢的分析师，往往不是你想的那样风光。有一位常在权威媒体露脸的分析师，在光环和鲜花的围绕中开始膨胀，以为自己的确有投资的天分，而且有工具优势和专业优势，就把丈母娘的所有积蓄都拿来"投资"，一年后账号的数字少了一位。丈母娘极度后悔，称自己选错了女婿。所以，你仔细观察那些相对比较老练点的分析师，讲话都是绕弯子兜圈子，没有底气，原因多半是由于这种实际中折翼的经历。当然，也有底气足的，底气足的多半是刚出来混的毛头小子，没有过实际的操作经验，还不知道什么叫疼。不可否认，也有极少数是非常优秀的分析师，可惜他们很快就会被实力机构收买，讲话的立场就不是有利于散户而是有利于机构了。来看下面两则报道，你就能够切实领会了。

报道一：21 世纪经济报道 2011 年 7 月 19 日《银河强推三机构出货 攀钢钒钛暴涨溯源 王国平身后推手胡皓今年四次撰写报告一路看高》

刚以低成本完成现金选择权的攀钢钒钛（000629.SZ），被一则研究报告"告知"股价还有近 15 倍的涨幅。

7 月 9 日，银河证券《攀钢钒钛：股价被严重低估》报告将其目标价定为 188 元，在此消息刺激下，7 月 15 日攀钢钒钛涨停。虽然之后银河证券将

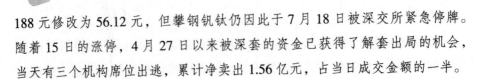

188 元修改为 56.12 元，但攀钢钒钛仍因此于 7 月 18 日被深交所紧急停牌。随着 15 日的涨停，4 月 27 日以来被深套的资金已获得了解套出局的机会，当天有三个机构席位出逃，累计净卖出 1.56 亿元，占当日成交金额的一半。

胡皓其人

7 月 9 日，银河证券出具研究报告《攀钢钒钛：股价被严重低估》指出，"按盈利能力计算，公司目前每股资源价值高达 277.8 元……即使参照三大矿山'股价/每股资源价值'的最小值 67.7% 的数据，给出攀钢钒钛的股价目标为也将达到 277.8×67.7% = 188 元，表明未来增长潜力非常值得期待。"

当日攀钢钒钛股价未显异常。15 日，银河证券在其公司网站发布致歉声明称，7 月 9 日报告中"出现数据计算错误，将一个原本该放到分母上的百分比放到了分子上，导致结果相差巨大"。并发布上述报告修改版，指"攀钢理论上可以达到 277.8×20.2% = 56.12 元"，同时强调"上次报告由于计算失误导致结果有一定误差，但并不影响推荐攀钢的最终结论"。修改版报告最终引起了游资的关注，15 日午盘开盘不久攀钢钒钛陡然拉升，半小时后封于涨停。

机构解套盘出逃

基于同样的资料，为何得出如此巨大差别的结论，其背后隐藏着什么？

在银河证券报告引起股价涨停当天，机构专用席位全力卖出，累计卖出达 4.63 亿元。此外，海通证券（8.30，-0.05，-0.60%）常州健身路和中金公司北京建国门外大街营业部也分别卖出 8452.91 万元和 8152.78 万元，其中中金公司北京建国门外大街营业部是众所周知的私募重地。

机构和私募的借机出逃是否巧合？

15 日，银河证券的报告在股吧中被反复提及，攀钢钒钛午盘突然拉升，半小时后成功涨停，4 月 25 日被套牢的资金终于解套或接近解套。于是机构专用席位一边倒地卖出，私募重点营业部的出逃也不加掩饰。被 188 元报告诱惑的部分新锐游资营业部成功接盘。

值得注意的是，正常情况下，券商等机构的致歉公告常常是发布在被媒体集中负面报道之后，基本为被动行为，此次银河证券的主动承认"数据计算出错"，值得肯定，但耐人寻味。

图 5-1（a） 攀钢钒钛大盘走势

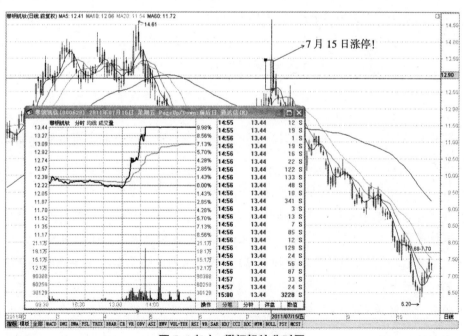

图 5-1（b） 攀钢钒钛分时图

报道二：理财周报 2011 年 6 月 7 日《平安 10 次强烈推荐世纪鼎利 85 份研报保送 27 股》

[提要] 平安证券近两年在 IPO 保荐业务上颇有斩获，项目多了，问题也来了。在世纪鼎利上市一年多的时间里，平安证券一共发出 10 份评级研报，评级无一例外都给予"强烈推荐"。

据《理财周报》报道：平安证券近两年在 IPO 保荐业务上颇有斩获，项目多了，问题也来了。除了所保荐项目质量，不少人也很关注投行和研究部门防火墙问题。保荐机构会不会自卖自夸，研究部"力挺"投行部呢？

据研报系统统计，2010 年以来截至 2011 年 5 月 31 日，在平安证券保荐的 54 家公司中，其研究所共发 85 份研报强推 27 家公司。其中 10 次死挺世纪鼎利。虽然说券商研究部门纷纷表示，只要防火墙做得好，在推荐自家保荐的公司时并不会有瓜田李下的束缚。

平安没必要回避己方保荐项目

平安保荐的项目多，其中在二级市场上股价表现糟糕的有宁波 GQY、恒信移动等破发将近一半的项目，也有章源钨业、奥普光电等上市后股价翻倍的公司。

平安证券对这些公司中发布研报较多的包括世纪鼎利、长信科技、北京科锐、多氟多等。股价表现差时，会不会通过研报托市，股价飙升时保荐券商研究部门有没有推波助澜，他们是如何做到投行保荐与研究相隔离呢？

"我们对于公司保荐的新股有 20 天的静默期，通常新股在静默期间合规部门会给我们发邮件列出不能发研报的公司，出了静默期合规部门会再发一份邮件提醒说哪些公司可以发研报了。"平安研究员张海告诉记者。此外他还表示，"以前投行部门有自己的研究员，后来为了防范风险，投行也取消了独立的研究员。"

多氟多："扶不起的阿斗"

2011 年 4 月 8 日，平安对于多氟多的评级终于有变化了，从"强烈推荐"到"推荐"评级。

多氟多于去年 5 月 18 日上市，虽然上市首日便破发，但是在上市以来一年多的时间里，多氟多股价同样有过很"风光"的时刻。公司上市首日报收于 37.41 元/股，首日表现有点惨淡，不过接下来迎接公司的便是半年快乐的时光。公司股价几乎没有遇到太多波折，到 11 月份一度走高至 98.50 元/股。多氟多股价在攀升过程中，保荐机构平安证券并没有忽略对公司的关注。2010 年 11 月 2 日，平安发布首份关于多氟多的研报，并给予"强烈推荐"评级。首份研报推出一星期后，平安研究员调研了多氟多，与公司管理层就公司经营情况和未来发展进行了交流，并于次日发布了调研简报，继续"强烈推荐"。从几份"强烈推荐"的研报来看，平安研究员十分看好多氟多未来在新能源方面的表现，四份研报中有三个标题分别为《借力超募资金，纵深挺进新能源》、《六氟磷酸锂进展顺利》、《掀开新能源业务序幕》。平安研究报告显示，未来公司将依托六氟磷酸锂，全力拓展锂电新能源产业链，其中六氟磷酸锂产能将扩大至 2000 吨。同时行业研究员认为，"六氟磷酸锂是公司整个新能源战略的支点，产业化成功将掀开公司新能源战略的序幕，随着后续项目的逐步推进，公司将成为 A 股市场新能源代表性企业之一。"如果公司能做到平安证券研报中所说的那样，"强烈推荐"并不为过，但是从目前来看，多氟多离目标还有不小的差距。公司证券部门相关工作人员告诉记者，"现在六氟磷酸锂对业绩贡献还很小。"另外，公司过去三年净利润增长率分别为 11.58%、7.48%、-38.99%，光景可谓一年不如一年。在新能源真正能贡献大量利润之前，"推荐"评级显然比"强烈推荐"更为保险，平安证券对于自己所保荐项目的钟爱之情只能暂时先放一放。

10 次"强烈推荐"死挺世纪鼎利

世纪鼎利是平安证券去年保荐上市的,从研究报告的数量和评级来看,平安研究部同样对这家公司青睐有加。在世纪鼎利上市一年多的时间里,平安证券一共发出 10 份评级研报,评级无一例外都给予"强烈推荐"。质地优良的上市公司各券商研究部门同时推荐给机构投资者并不奇怪,对于世纪鼎利同样如此。世纪鼎利上市后,先后一二十家券商对其出了研报,但是给出"强烈推荐"评级的除了平安只有华创和第一创业。而即便是后两家券商,在出具研报的数量和力度上显然不能和平安相比。

2010 年 1 月 20 日,世纪鼎利以 88 元的发行价登陆创业板,像其他很多创业板公司一样,没有经过太多波折最终一路上扬,并在 2010 年 8 月 31 日摸高到 173.96 元,股价基本翻倍。其间,当然少不了券商研究员的推波助澜。2010 年 4 月 26 日世纪鼎利报收于 130.11 元,平安证券于第二日首次发布对公司的研究报告,并给出"强烈评级"。在研报中,平安证券研究员非常看好世纪鼎利未来前景,"受 3G 网优产品采购、网优服务规模扩大,2010~2012 年公司收入复合增长率有望达到 49.9% 以上。"并参照可比公司 2010 年 50 倍平均 PE,给予目标价位 178 元。2010 年 7 月 9 日,平安证券在世纪鼎利中报出来之前,发布了题为《中报行情引爆》的研究报告,维持"强烈推荐"评级。随后在中报业绩预增、中报业绩披露时各推出一篇给予"最高评级"的研究报告。仅关于中报行情的,便有 3 个关于世纪鼎利的研报,不得不说平安研究员跟踪得很紧密。确实如平安证券研报所料,世纪鼎利在中报行情下走得很好,并且股价最终于 8 月底达到最高价随后开始下滑。事实证明,世纪鼎利股价下滑的过程中,平安证券行业研究员对于公司同样充满信心。分别于 2010 年 10 月份、2011 年 1 月份和 3 月份发布了研究报告。受制于整个创业板行情,今年 4 月份以来,世纪鼎利在二级市场上表现得不温不火,但是平安仍三次推出"强烈推荐"的研报,对于世纪鼎利的"钟爱"程度可见一斑。

券商分析师关于投资建议之类的东西，都没有多少价值，因为他们和你的利益根本不是站在一起的，而且他们的能力也值得怀疑。对于他们的各种研发报告，你主要是侧重于发现一些企业内部实实在在发生变化的信息，然后结合自己的调研与分析，对企业进行价值评估。

4. 投资银行顾问

聪明的投资者要多加关注投资银行，尤其是那些信誉卓越的投资银行提供的意见和建议。但最终做决定的依然是你自己。

对于投资银行的信用，可以采用如下方法去评判：如果你细心的话，在每只股票的招股书里都能读到保荐机构和保荐代表人。如果他们保荐的公司有 2 只以上上市后业绩就"变脸"，股价出现暴跌，那么，这家机构的诚信就要大打折扣。你要把他们列入骗子行列，尽量不再购买他们保荐上市的股票，除非经过长期跟踪发现企业是优秀的。

对于投行业内人士，你可广泛社交，他们可以给你提供非常广泛和深入的关于上市公司的信息。因为每一次保荐上市，他们早就对企业摸底了上百次，各种信息基本了如指掌。投行人士多数都是极其聪明的家伙，因此跟他们打交道也是不无裨益的。

5. 基金或私募顾问

基金经理被认为是神秘的金融骄子。他们在自己的项目运作中，获得了大量的一手交易信息和市场信息，并且通过研发团队掌握了较多的上市公司的有价值的资料。但是，受制于制度的局限，很多聪明的基金经理无法施展才技。这就是为什么基金总是难以实现令人相对满意的业绩的原因。从另外一个方面说，近年来，由于基金经理跳槽频繁，不少基金公司也启用了一大批年轻人，然而这些年轻基金经理多数都是些书生，没有经历过牛熊市场的铁血法则，因而难有大作为。志大才疏，不堪重用，须继续培养。无论如何，既然他们握有一手信息，那么，与基金经理打交道，也不算浪费时间。

私募基金是中国表现最为活跃的市场参与者。私募基金的操盘手（不是简单的交易员），更加精于组织有效资源，进行针对性的操作，因而有些信息是处于保密状态的。这是由私募基金的性质决定的，私募基金的经济实力

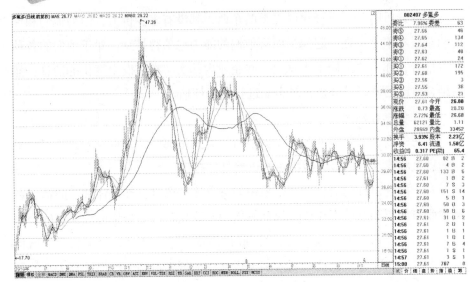

图 5-2　多氟多大盘走势

图 5-3　世纪鼎利大盘走势

总体上无法与公募基金相比，他们必须在行动的成功率和行动的效率上远超对手，才能为自己赢得生存的空间。这些操盘手虽然在学历上整体不看好，但是却有丰富的人生阅历和实战经验，更加具有生存的智慧。近年来，随着资本市场的发展，私募基金也是遍地开花，但鱼龙混杂的现象也日渐明显，甚至不排除有相当部分的骗子。目前，私募基金的盈利模式也开始逐步向价值投资的方向转变。

如果能够认识基金经理和私募操盘手，对很多投资者来说，可以获得很多宝贵的信息和学习到一些独特的交易技能。三人行，必有我师焉。择其善者而行之，其不善者而改之。

华尔街没有新事物，相同的事物只是变更时间和场合重新演绎。不要被所谓的专业词汇和术语吓得六神无主，坚定地依靠自己的常识和智慧，借助于身边所有可能的顾问提供的帮助，打造出自己的造富机器。

本章小结：

   投资者的所有成绩，必须通过实际的交易才能够实现。如何聪明地进行交易，决定了最大化地实现既定投资目标的关键。本章通过市场波动的深入分析，让投资者具备正确对待市场的态度，即利用市场而不是预测市场；在资金管理的原则上，我们主张以集中投资为主，适度分散为辅的总体指导思路；对于影响成绩的关键权重因素，仓位控制和杠杆交易，往往会改变投资的结果，因此，我们对不同情况下的仓位控制情况进行了阐述，并且对杠杆交易的风险性予以特别警示；最后我们还讲到了投资顾问对于投资成绩提高的重要作用，借助外力辅助自己成功也不失为一个好主意。只是您要清楚，有些事情别人能够帮，有些事情必须自己做。

第六章　滚雪球

本章导读：

人生就像滚雪球，最重要的是发现很湿的雪和很长的坡。

——《滚雪球》

当我们面对这个令人神往的投资世界，会感叹它的神奇和魅力。从现在起，我们开始滚动财富，日积月累，辛勤付出，财富越来越大。然而，我们从不满足，我们看到整个世界都铺满了财富，更重要的是，我们发现了人生的真谛。

第一节　财富积累的三维思考体系
——复利滚动的时间价值

这是一个古老的新疆故事：

阿凡提头脑精明，乐于助人。一个吝啬刁钻的富翁贪财好利。

阿凡提想找一个机会教训一下这个吝啬的富翁。一天，阿凡提在村口遇到这个吝啬的富翁，两个人打起赌来。阿凡提说："我可以每天给你一万元，只收回你一分钱。"

吝啬的富翁以为对方吹牛皮，便说："你若真的每天给我一万元，别说我给你1分，就是再给你一千我也干！"

"不！"阿凡提说，"条件只是第一天，你给我一分。"

"难道你第二天还要给我一万？"

"是的，"阿凡提说："只是你第二天收了我的一万，要给我二分。第三天……"

没等阿凡提说完，吝啬的富翁急切地问："第三天你再给我一万，我给你……"

"四分！就是说，我每天得到的钱都是前一天的两倍。"

吝啬的富翁心想：这家伙可能神经出了毛病，便问："每天送我一万，这样下去，你的钱够送多少天呢？"

"我是人人都知道的百万富翁。"阿凡提说："我不打算都送给你，只拿出三十万，先送你一个月足够了。但是你给我的钱也一个不能少！"嘿，还当真呢！

吝啬的富翁说："你敢签订协议吗？"

"不签协议算什么打赌？"阿凡提说："咱们还要找几个公证人呢！"吝啬的富翁真是喜出望外。

于是他们签了协议，找来了几个公证人。协议上写道：

甲方每天给乙方一万元，乙方每天给甲方的钱数从一分开始，以后每天都是前一天的两倍。双方持续时间为30天。

就这样，把手续办好了。

吝啬的富翁回到家，高兴得一夜没合眼，生怕对方反悔。不料，天刚亮，阿凡提真的提着一万元送上门来，按约定他给了阿凡提一分钱。

第二天，阿凡提仍然如约送来了一万元。他简直像做梦一般，这样下去一个月，便可以有30万元的收入了！想着，想着，数钱的手都颤抖了！于是自己也如约给了阿凡提2分钱。

阿凡提高高兴兴地拿走了2分钱，还叮嘱："别忘了，明天给我4分钱！"当吝啬的富翁拿到十万元时，阿凡提只得到十元二角三分钱。但是，他仍高高兴兴地每天如约送来一万元。

可是，20多天以后，吝啬的富翁突然要求打赌终止。

阿凡提以及一些证人当然不会同意，30天的时间已经过去大半了，任何一方都无权不执行协议。到最后，吝啬的富翁竟把全部家当都输光了。

你说，这是为什么？

提示：

吝啬的富翁在一个月内共得到30万元。

他需要付给阿凡提的钱，总数是：1 + 2 + 4 + 8 + 16 + 32 + 64 + 128 + 256 + …… + 536870912 = 1073741823 分 = 10737418.23 元，即一千零七十三万七千四百一十八元贰角。

通过以上故事，我们可以说，智慧的阿凡提是一个典型的价值投资者。因为他无形中使用了价值投资者最核心的财富积累秘诀——复利滚动，长期持有。而且为了保障收入和本金的确定性，他还找到了见证人，立下字据凭证，采取了切实的保障措施，防备吝啬的富翁反悔抵赖。我们把这个典型的思路进行整理，就是积累财富的三维思考体系：①高增长率；②确定性；③时间价值。

这三项指标单个实现起来都不困难，但是，三者同时实现，就需要投资者深入地进行分析与思考。

一、高增长率如何实现

（1）选择超级牛股，进行大决战。请对前面的章节作简单回顾。

（2）不要迷恋超级短线，你的智商和能力绝对比不上拥有雄厚资金实力、超级武器和精英智囊的主力集团。出手，你就输了。

（3）廉价购买。同样是赚1元钱，你的成本是1元和成本是5元，收益率是有巨大差别的。我们一再强调廉价买入的重要性。这是为了在复利增长的时候，有一个高起点。

（4）不要偷懒和放松标准（如听小道消息和电视推荐），不要轻易地买入精心研究过的股票。每次交易都要下足工夫。

……

我希望投资者继续思考下去。

二、确定性如何实现

（1）排除不确定性。比如通过财务报表严格把关企业的增长质量，确定其增长的持续性。本章后续章节，我们还将深入探讨排除一些关键不确定性的因素。

（2）不要轻易地变化决策和方向，这是最大的风险。不为小利而动摇信念。

（3）安全边际：不要有大的亏损。只要你按照我们前面讲到的方法去做，一般不会有致命的损失。

……

本书前面的内容中，已经非常多地讲述了一些排除不确定性的方法。投资者要进行系统整理与思考。

三、时间价值如何实现

（1）坚守最有前途的伟大企业，风雨同舟，矢志不渝。请不要片面地理解这个观点，我们前面讲过，再好的股票也要讲究买入的时机和成本。

（2）长期的通胀决定了长期持股是比较好的思路。长期的 CPI 走势是股市整体上维持一定涨速的重要原因。所以，长期投资是抗衡这种结果的一种较为理想的方法。

（3）坚定地持有是需要智慧和能力的（前提是高速增长的情况下）。我们后面会讲到情绪控制，就是专门针对这项指标进行强化训练。

……

经过以上三维思考体系的过滤，流淌过去的都是财富。让我们再来欣赏一下这个简单而神奇的方法带来的财富效应吧！

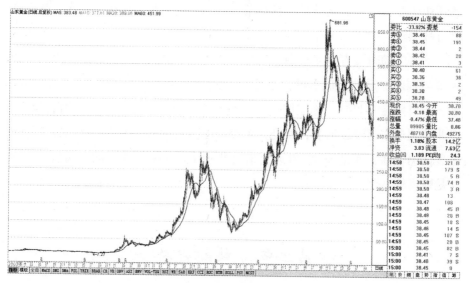

图6-1 山东黄金大盘走势

云南白药：1993 年上市，18 年累计涨幅近 100 倍。

泸州老窖：1994 年上市，17 年累计涨幅 100 倍。

贵州茅台：2001 年上市，10 年累计涨幅 30 倍。

张裕 A：2000 年上市，11 年累计涨幅 15 倍。

万科 A：1991 年上市，20 年累计涨幅超过 70 倍，最高涨幅超过 220 倍。

苏宁电器：2004 年上市，7 年累计涨幅 30 倍。

三一重工：2003 年上市，8 年累计涨幅 30 倍。

山东黄金：2003 年上市，8 年累计涨幅 40 倍，最高涨幅接近 70 倍。

片仔癀：2003 年上市，8 年累计涨幅 7 倍。

烟台万华：2001 年上市，10 年累计涨幅 12 倍。

盐湖股份：1997 年上市，14 年累计涨幅 30 倍，最高 60 倍以上。

中国卫星：1997 年上市，14 年累计涨幅 30 倍。

新和成：2004 年上市，7 年累计涨幅 10 倍。

……

传奇仍在继续，需要你去挖掘。你只需要前后相接地把握其中两个以上的超级牛股，你已经能够足够富有了。巴菲特也无非多把握了几次，就已经富可敌国。

脑海中随时装着这三个指标，并对其变化作深入分析，进而作出自己的决策与判断，采取正确的维护措施。就是这三个非常平凡的指标，滚动起来，不可限量。只是，你能够坚持多久？养好身体，活得越久，财富越多。巴菲特到现在还咬牙活着，就是希望拥有更多的财富。当然，这已经不是为了奢侈的生活，而是一种人生境界和理想追求。钱只是人生的附属品，自己才是财富的本质。

第二节　转换代价

长期持有的好处之一，是转换的代价较低。转换代价是被很多投资者忽略的一个重要因素。其中有两个主要的方面需要大家考虑转换的代价。

1. 转换的必要性

在我们作出转换决策的时候，我们可能会错过原有企业增长最快最辉煌的一段时光，我们对企业的最大投资没有发挥到极致。而对新企业的投资，却可能短期难以迅速见效。事实上，这中间的换马也就损失了部分的时间价值和复利折扣。

为了避免这种情况，投资者要尽量斟酌转换的必要性。特别是结合企业未来潜力和估值等重要因素进行反复权衡，以较大的稳定性顺利过渡，就是对财富积累三维体系中确定性的保障措施。

在实际的投资过程中，你会遇到很多的诱惑和恐惧，新思潮、新概念的兴起，国家政策的倾斜措施，市场资金追捧的板块，金融危机的蔓延，产业的重新洗牌，市场的突发利空消息等，会强烈地冲击着意志不坚定的人的神经，他们可能在一时的冲动中忘掉了我们对价值投资的理性分析，草草地进行了换股操作，但事后却总是发现，这样做往往得不偿失。

2. 昂贵的手续费

投资者总以为每一次交易，我们只需要缴纳千分之几的费率，只要股票上涨一个百分比，所有的费用也就摊平了。其实这是一种缺乏慎重分析的错误观念。其错误主要取决于两点：

（1）股价上涨1%以上而顺利套现的概率问题。他们没有经过慎重思考，就猜测股价肯定能涨到1%以上，可能后期也确实有这样的机会，但是，心里仍然期盼能够多赚点，就继续持有，而市场很不作美，股价下跌，1%也没有了甚至还要亏损，于是仓皇出逃。这里有一个对于价值投资者来说是非常严肃的问题：费用是确定的，而你的收益却是不确定的，这种干法本身就缺乏保障。正确的做法是，在研究好企业的价值之后，以合理或廉价的成本买入，每年的分红假设为5%（参考企业的长期分红记录），那么，你持有一年，至少在股本不会减少的基础上，除掉手续费，还有4%的收益净额。至于股价，你又不卖出，自然也就能够淡定地等待其股价恢复正常的估值水平。

（2）长期来看，证券公司频繁的信息炸弹，会让投资者应接不暇，不断追逐着市场新的热点和所谓的新的"潜力股"。而事实上，他们无非是把股票轮流推荐了一遍，只是每次说出一个方面而已。这正好迎合了那些缺乏远见的投资者的胃口，喜欢别人直接给予的东西，包括最后的决策权。他们每天都需要潜力股，却也因此付出了代价，他们的佣金和交易印花税，如果复合计算下来，可能昂贵得惊人。有的仅仅是几十万元的散户，其交易量一年下来能够达到几个亿，他们因此交给券商的佣金总量比自身的资金总量还要大。

转换代价较高也是长期持股的原因之一，这样就能从长期来看降低各种不确定性的风险。当然，在每一次下单之前，你要确信是经过慎重分析的，也是经过价值投资体系的系统思考的。

第三节　站在金山上，还要去寻找银山

根据创富的三维思考体系，我们可知道为了获取持久的复利滚动高增长，我们需要选择超级牛股，并且集中大部分资金打大决战和歼灭战。歼灭战是一个持久的过程，即如毛主席当年渡江战役之前的号召——彻底、全部、干净地消灭敌人。投资中的歼灭战，就是充分地挖掘超级牛股的潜力，一直持有到他们走向顶级辉煌，孤独求败，甚至被人们神化的时候（被神化后，投资者购买就容易忽略价格）。所以，真正的价值投资者，其主要的时间是持股，持股再持股。超级牛股才是造钱机器，你把造钱机器都丢了，还能到哪里找到更好的创富模式呢？

站在金山上，你还要去找银山？聪明的决定是，坚决地在金山上安家落户，在金山没有被开发完之前，绝不离开。而那些缺乏智慧的人，总是心太贪，守着金山还要去寻找银山，最后的结果往往是，他们耗尽了精力找到了银山，而金山也被别人占领了。最终，自己永远处在漫漫求索的路上，而没有实际享受到任何真正的成果。看着在金山上富有起来的人，你可能会后悔，你可能会说那应该是自己的家园。然而，你为什么离开呢？在投资的实战过程中，我们也有不少投资者曾经选出过超级牛股，并且进行了重仓布局，然而，他们没有安居乐业的想法，他们看到了其他的"潜力股"或者市场情绪发生恶化，动摇了持股的信念，最终超级牛股拱手让人。找到超级牛股是需要花费一定的时间和代价的，也是必须要做的，然而，你不能把绝大多数时间放在寻找和选择上，而是放在坚持上——坚持或许是最大的智慧和技巧。这也说明越是浮躁眼光短浅的人，越是赚不到大钱。

红旗应该高高地飘扬在金山上。

第四节　情绪控制

持股，当然不会太平静。各种干扰足以让你精神崩溃，你如果没有相当的定力，是难以坚持的。我们本节不是学专业，而是学习耐心和勇气。

对投资者而言，情绪控制有两个主要的方面：一是控制自己不要轻易受到情绪干扰而买入股票；二是不要受到情绪干扰而卖出股票。总之，不要受到情绪干扰。

投资者在买入股票之前，先要问自己：我受到情绪干扰了吗？如果答案是肯定的，那么，你有必要重新梳理一下价值投资的各个方面。必须结合价值投资体系系统梳理投资的各项保障因素，在经过可靠的计算表明某项业务（产品的制造或交易）获得合理利润的机会较大时，才可以涉足这项业务。在获得了足够的保障并经过了严密的验证和判断之后，要有足够的勇气来执行你的决定。不买入，再好的机会也不会改变你的境况。价值投资者的大举买入往往是在市场低迷期或者个股偶发利空时期，因而会受到各种"专业人士"或大多数投资者的批评，不要管他，因为他们基本上都没有做过正确的事情，不能理解你的交易具有何种价值。燕雀安知鸿鹄之志哉！

接下来最重要的事情，就是如何忍受各种诱惑和恐惧，坚定地持有自己精挑细选的潜力股。不要试图买入后就出现大涨，虽然有时候也的确是这样。放平心态，理性对待短期股价涨跌。要学习农民种田的精神，春天辛勤地播种（种子要经过挑选），平时注意庄稼的生长是否健康顺利，直到秋后果实成熟后才决定采摘，这就需要你耐心地等待。如果你非要在结果之前收获，可能得到的只是一些牛羊饲料而已，根本就不会有秋后大丰收的喜悦。违背客观规律做事情，是自找苦吃。

我们力图使读者在其投资决策方面，形成一种恰当的心智和情绪。我们已经看到，那些情绪适合于投资活动中的普通人，比那些缺乏恰当情绪的人，更能够赚取钱财，也更能够留住钱财，尽管后者可能拥有更多的金融、会计和股票市场知识。要形成健全的投资思维，就必须对情绪进行控制。不要轻易因为股价一两天的震荡而捶胸顿足，生气就表明你已经输了一半。我们建议投资者在进行大量投资的时候，学会排解自身的压力。笔者有一些体会愿与大家一起分享：

（1）要有人与你一起分享与承担。找一位良师益友，股市与人生，共同经历。

（2）多与上市公司联系，看看他们的资产和生产场景。想想这是你自己的企业，它还健康地运行，你的钱收回来是迟早的事情，别杞人忧天了。

（3）发展点健康的兴趣爱好。我觉得，投资者可以选择自己的兴趣爱好，爬山游泳、琴棋书画、骑马射箭、武术音乐都行，哪怕是写点傻诗，也是个不错的选择。只要有利于身体和有利于能力、品位提高的都可以。本人曾经立下一条规矩，如果我在某只股票上输了钱，我就惩罚自己去游泳，暂时没有赚到钱，但身上的肌肉开始逐步发达了。还有的时候，我为每一次犯错误都要强迫自己阅读一本与所犯错误有关的书，并且在本子上抄写一遍。写得自己手都麻木了。结果，以后对这种错误就记得非常清楚，而且把我们中华文化的精髓——汉字也写得像半个书法家了。

……

事实上，往往结果是过程很激烈和恐怖，但最后结果大多数都还比较令人满意。当然，也有的投资最终因为判断失误而遭受损失，这也是一件令人伤心的事。我有一次就因为伤心抱着吉他在河边一个人边弹边发愣，被惊恐的家人拉回去塞进房间里观察有何异常。因为他们知道，我根本不会弹吉他。其实，我只是想通过某种方式（比如音乐）让内心静下来。也许，这就是人生，失败也是投资的一部分。但我们必须有办法和切实可行的措施，保障我们的投资在整体上是成功的。比如你在一只股票上巨亏30%，而整体上你的资金却增长了5倍。这种损失也就不能够让你伤心欲绝了，但仍然让人痛苦，因为这不但让你损失了本金，还浪费了宝贵的时间，需要作深刻的自我反省——每一分钱都应该得到保障。体验投资的酸甜苦辣，伴随伟大企业共同成长。

价值投资者经过长期的磨练，不仅在投资的思维和方法上日渐成熟，而且在心态上也是健康的。宠辱不惊，静观堂前花开花落；去留无意，漫看天边云卷云舒。价值投资者不但要做一个富人，而且要做一个幸福的富人。

第五节 卖出"瘦狗"，买进"野猫"

这个经典的经济学术语，是要告诉我们一个真理，当你的投资已经在动态的竞争过程中，出现了相对落后的现象，那么，你就要采取措施，卖出已经不具备明显优势的股票，而买进那些更加有潜力的企业的股票。这就需要我们对股票池进行动态的管理。

一、股票池管理是一个动态优化资产的过程

当我们建立了三维投资体系以后，我们将会遵循优中选优的原则，仅投资于极少数拥有核心和强大竞争实力的优秀企业。这个要学杰克·韦尔奇，GE 的这个做法实际上是深悉价值投资的做法。平时我们经过大量的阅读和跟踪，一定会寻找出一些具备超级牛股潜质的企业。对这些企业，我们会不断地去跟踪和深入研究。虽然有时候，你已经确定了最好的两只股票，并且已经投入了大部分资金。但对其他股票的跟踪仍然是在进行的，只是不会轻易地发生变动。跟踪其他企业，是为了在原有的超级牛股失去优势，或者新发现的超级牛股具有更加明显的优势时，我们会考虑进行调换。股票池的储备，可以当原有投资出现情况时，具有灵活的处理空间。你至少不会单独花时间去寻找新的公司，从而最大化地利用时间价值。因为时间价值也是积累财富的三维思考体系中非常重要的一个方面。

二、卖出股票最好的时机

当企业经营已经悄然发生了不少变化，企业的各种核心竞争优势正在逐步丧失，而且似乎没有看到有效的处理手段，而此时的股价却还处在人们的疯狂追捧中，不断地创出新高，估值远高于市场平均估值水平。这时，你就可以考虑卖出了。即企业从辉煌开始衰落，而股价却持续上升，就是卖出信号。

当然，如果你发现企业经营恶化的情况非常糟糕，而且速度很快，已经失去了控制，就要学会壁虎断尾求存的能力，果断地清除所有的股票。这个时候，就不是坚持了，而是坚决地离场，哪怕是账面出现了亏损。虽然对于价值投资者来说，经过精心挑选的股票出现这种情况的概率极小，但是，一旦出现，还是要保持一颗坚强和冷酷的心。生存，永远是第一位的。留下革命的种子，才有新的希望。

所以，我们也要特别提示投资者，我们对超级牛股的长期持有是建立在其本身不断进步，而且一直都符合超级牛股的基本条件的基础上的。如果一只股票在你买入后三年内就已经逐步失去优势，不再符合超级牛股的条件，你也没有必要死守。企业价值降低，就要寻求更好的价格把它卖出。这个时候，你虽然没有赚取动辄几十倍的财富，但也有可能小小地收获几倍，也不算浪费时间。卖出失去竞争优势的股票，买入更具有优势的超级牛股，是传奇得以延续的重要步骤。

卖出"瘦狗"，买进"野猫"。让价值在接力中不断复利滚动，奇迹或许就在前方等待……

本章小结：

价值投资者深知，要想取得财富必先了解财富积累的模式。本章我们探讨了财富积累的三维思考模式，即高增长率、确定性和时间价值，并对这三个指标的实际控制提出了具体的实施细则和方案，确保三者能够有效实现，进而实现财富的滚动增长；对于中途的换股操作，我们对转换代价进行了量化评估分析，以帮助投资者充分考虑其代价和必要性；为了确保投资者在决定性的投资中能够抵制各种诱惑和恐惧，我们还专门针对情绪控制进行了探讨，确保在执行中不打折扣（这有点像战斗中的指导员的角色，鼓舞士气，坚决贯彻指令，坚决完成任务）；对于实际投资中出现的变化，价值投资者也应该进行科学动态的调整，以更加准确地把握局势，卖出已经失去控制的股票，买进更加具有潜力的股票，优化整个资产结构，我们称做：卖出"瘦狗"，买进"野猫"。战机瞬息万变，唯有精确点兵沙场，方可决胜千里之外。

后 记

　　经过了多年的酝酿与整理，本书终于与大家见面了。点点滴滴，赤诚相见。

　　本书试图以夹缝中的声音，唤醒疯狂下赌注的人们，越早进行价值投资，就越能把握未来。笔者希望大家清楚，中国的崛起和资本市场的兴盛是不可阻挡的历史潮流，机遇已经在你面前。中国必将产生自己的超级投资家。价值投资者从不掩饰自己对财富的野心，只是他们更加清楚，科学的盈利模式、有效的保障和控制才能让财富乘风破浪地征服世界。

　　希望这些凝结着笔者心血的成果，能够帮助您少走弯路，走向成功。

　　股市中高手如云，本书如有缺陷之处，请多指教！欢迎探讨交流。

您的朋友　江 山